허수아비 일기

SMILE OF THE SCARECROW (稻草人的微笑)

Copyright © 1976, 2011, Sanmao
First published by Crown Publishing Company Ltd. in Taiwan in 1976.
Korean edition published by agreement with Crown Publishing
Company Ltd. in association with The Grayhawk Agency, through
Danny Hong Agency

Korean translation copyright © 2021 by JINABOOKS

이 책의 한국어판 저작권은 대니홍 에이전시를 통한 저작권사와의
독점 계약으로 지나북스에 있습니다. 신저작권법에 의해 한국 내에서 보호를
받는 저작물이므로 무단 전재와 복제를 금합니다.

허수아비 일기

싼마오三毛 산문집
조은 옮김

서문

보리 수확이 끝나 갈 즈음, 농부의 아이가 보리밭에 서 있는 허수아비 소맷자락을 잡아끌며 말한다.

"가자, 나랑 같이 집에 가서 쉬자!"

허수아비는 마음이 놓이지 않는 듯 아직 남아 있는 보리에서 눈을 떼지 못한다.

"며칠만 더 지킬게. 새들이 또 와서 훔쳐 갈지도 몰라!"

아이는 돌아가고 허수아비만 외로이 남아 보리밭을 지킨다.

그러자 숨어 있던 참새들이 떼 지어 날아온다. 참새들은 겁날 것 하나 없다는 듯 허수아비 몸에 내려앉아 쨱쨱거리며 비웃는다.

"바보, 애가 어떻게 보리밭을 지켜? 애는 움직이지도 못하는 허수아비야!"

한바탕 재재거린 참새들이 허수아비 모자를 마구 쪼아대지만, 허수아비는 아무것도 느끼지 못하는 듯 앙상한 두 팔을 쭉 뻗은 채 한 조각 남은 황금빛 보리밭을 바라볼 뿐이다. 저녁 바람에 해진 옷자락이 팔랑팔랑 나부끼자 허수아비 얼굴에는 한결같은 그 미소가 빙긋 어린다.

차례

서문	005
바닷마을 이웃들	009
대부여 돌아와요	029
가출한 아내에게	049
나의 가정생활	070
플라스틱 아이들	108
꽃 파는 여인	125
수호천사	150
상사병	157
작은 거인	174
카나리아 제도 유람기	191
어느 낯선 사람의 죽음	235
털보와 나	258

바닷마을 이웃들

 카나리아 제도로 이주해 오면서 이번에는 절대 사막에서처럼 살지 않기로 굳게 결심했다. 개인의 안녕을 해치면서까지 이웃과 마구 섞여 지나치게 친밀하게 지내는 일은 결코 없으리라.

 이 번화한 섬 어디에 정착할까. 우리는 고심 끝에 시내에서 20킬로미터쯤 떨어진 바닷가 마을을 선택했다. 카나리아 제도는 스페인 땅이지만 이곳처럼 북유럽 사람과 독일 사람만 모여 사는 지역도 있었다. 우리의 새 보금자리는 바다를 마주한 나지막한 산자락에 자리 잡고 있었다. 작은 마당이 딸린 하얀 단층집 100여 채가 바닷가를 따라 점점이 흩어져 있는 마을이었다.

이사 온 첫날, 내가 스웨덴 사람인 집주인과 독일어로 이야기를 나눌 때부터 호세는 심기가 좀 불편했다. 마을 사무실에 전기와 수도를 신청하러 간 날 덴마크인 노신사와 영어를 주고받자 호세는 더욱 기분이 나빠졌다. 차고 문을 고치러 온 핀란드인 목수하고는 아예 중국어까지 섞어 가며 이야기를 나누었다. 뭐 아무도 못 알아들었지만.

"정말 웃겨. 저 인간들은 우리 스페인 땅에 살면서 스페인 말을 왜 안 배운대? 건방지게시리."

호세의 민족의식이 튀어나왔다.

"호세, 다들 은퇴한 노인이잖아. 다른 나라 말을 새로 배우기가 어디 쉽겠어? 당신이 좀 참고 살아. 그냥 벙어리라고 생각해."

"사막에 살 때보다 더하잖아. 외국에 사는 기분이라고."

"스페인어는 집에서 나랑 하면 되잖아. 내가 만날 하는 스페인어 잔소리로는 부족한가 봐?"

이곳에 온 뒤로 호세는 매일같이 바다에 잠수하러 갔다. 외국인에 둘러싸여 이야기할 사람도 없이 지내니 몹시 쓸쓸한 모양이었다.

어느 날 집에서 7킬로미터쯤 떨어진 우체국에 가서야 처음으로 스페인 동포를 만났다.

"그 바닷가에 사시는군요. 어휴! 정말 답답하죠. 그렇게 외국인만 잔뜩 사는 곳에는 우리도 편지 전하러 가기가 싫더라고요."

우체국 직원은 우리가 적은 주소를 보더니 고개를 절레절레 흔들며 한숨을 쉬었다.

"경치는 더할 나위 없이 아름다운데 꼭 노랑머리들 식민지 같다니까요. 글쎄 나더러 왜 영어를 안 하냐는 겁니다. 어처구니가 없어서, 내 나라에 사는데 내가 왜 다른 나라 말을 해야 돼요?"

호세가 말했다.

"그러면 우리 마을 100여 가구에서 받을 편지는 어떻게 처리해요?"

내가 웃으며 물었다.

"그게 쉽지가 않아서 매일매일 한 보따리씩 마을 사무실에 갖다 놔요. 절대 한 집 한 집 찾아다니지 않아요. 편지 받을 사람이 알아서 찾아 가는 거죠."

"그런 식으로 외국인을 괴롭히면 안 되죠."

내가 소리쳤다.

"걱정 마세요. 사서함 신청 안 하셔도 부인 편지는 댁까지 갖다 드릴게요. 남편분이 우리 동포인데 당연히 그래야죠."

그 말을 듣자 웃음보가 터져 나왔다. 세상에 외국인을 이렇게 싫어하는 민족이 하필 여행객을 상대로 돈을 벌어들이고 있다니.

"외국인을 그렇게 미워하다간 스페인은 굶어 죽을걸요."

"관광객은 놀러 왔다가 자기 나라로 돌아가잖아요. 당연히 환영이죠. 그렇지만 두 분이 사시는 그곳은 외국인이 눌러앉아 아예 마을을 이뤘다고요. 정말이지 꼴도 보기 싫다니까요."

이 마을로 이사 온 지 한 달이 지났다. 지원했던 회사에서 답이 없자 호세는 다시 바다 건너 사막으로 돌아가 하던 일을 계속하기로 했다. 이때 사하라는 대단히 어지러운 상황이라 나는 호세와 함께 가지 못하고 혼자 남아야 했다.

"싼마오, 처음엔 아무래도 불편할 거야. 내가 휴일마다 달려올게."

떠나면서 호세는 혼자 지낼 나를 자꾸만 걱정했다.

"나는 내 세상에서 아주 바쁠 텐데. 쓸쓸할 일 없을걸."

"이웃들하고 가까이 안 지내게?"

"나 원래 그런 거 안 좋아해. 사막에서도 사람들이 날 찾아온 거지 내가 놀러 간 적은 거의 없다고. 지금 이 외국인들하고는 더더욱 그럴 일 없어."

"진짜로?"

바닷마을 이웃들

"그럼, 나 혼자도 충분히 바쁘다고."

나는 이번 이웃분들과는 늙어 죽을 때까지 왕래하지 않을 작정이었다. 닭 울고 개 짖는 소리가 들릴 만큼 가까이 살아도 말이다.

그러나 두 달도 안 되어 나는 아주 많은 이웃을 알게 되었다. 사실 내 잘못이라고 할 수는 없었다.

호세가 없는 동안 나는 사서함을 살피고 환전하고 편지 부치고 장 보고 병원에 가는 등 자질구레한 볼일을 보러 아침마다 차를 몰고 시내로 나갔다.

그때마다 운이 나빴다. 차를 몰고 대로로 이어지는 좁은 길을 천천히 지나갈 때마다 비탈길을 걸어 내려가는 이웃이 눈에 띄었다.

내가 차를 세우고 사람을 태우는 상황은 다음과 같다. 연세 지긋한 어르신을 보면 반드시 차를 세운다. 짐을 들고 가는 사람을 봐도 차를 세운다. 학교 가는 아이들도 차에 태워 학교까지 데려다준다. 비가 와도 차를 세우고 뙤약볕이 내리쬐어도 차를 세운다. 그러다 보니 내 차가 꽉 차 있지 않을 때는 대단히 드물었고 차에 탄 사람들은 당연히 한동네 이웃들이었다.

그동안 나는 노인들에 대해 이런 얘기를 들어왔다. 그저 처량하게 신세 한탄이나 하며 지낸다. 움직이지도 않으면서 입만 열면 적적하다 무료하다 주절거린다…… 그래서 나는 시내에 가는 노인들을 모셔다 드릴 때 말고는 최대한 말을 아꼈다. 특히나 어디 산다는 말은 절대 입 밖에 내지 않았다. 사막에서처럼 이웃들이 쳐놓은 덫에 또다시 걸려들고 싶지는 않았다.

휴일이 되어 호세가 돌아오면 둘이서 평범하고 오붓한 시간을 보냈다. 호세가 떠나면 혼자 꽃을 심고 집안일을 했다. 이웃과 마주치면 언어가 통해도 별다른 얘기 없이 인사만 나누었다.

"은둔 생활은 잘하고 있어?"

호세가 물었다.

"자유 그 자체지."

"이웃들하고는 친하게 안 지내?"

"아이고! 생각해 봐, 칠팔십 먹은 양반들하고 친해져 봤자 무슨 재미가 있겠어. 이 몸은 권세와 재물에 빌붙는 소인배라고. 얻을 게 없는 벗은 절대 안 사귀어."

나는 내 원칙을 굳게 지키며 친구를 만들지 않았다. 쓸모없는 노인네들하고 무얼 한단 말인가! 중국에서 외치는 경로敬老의 도리를 나는 완벽하게 이해했다. 경이원지敬而遠之, 공경

하되 거리를 두라.

그리하여 나는 창가에 앉아 바다 위를 떠다니는 배나 바라보며 지냈다. 호세가 없으면 기껏해야 시내에 나가 볼일 볼 때만 사람들과 말을 할 뿐이었다. 이웃들은 절대로 상대하지 않았다.

그날 오후에도 나는 낡은 숄을 두른 채 창가 카펫 위에 넋 놓고 앉아 바다를 바라보고 있었다. 숄에서 실오라기를 하나씩 뽑아 오늘은 배를 몇 척이나 보았나 헤아려 가며.

창문 아래에 스웨덴인 청소부 할아버지가 조그만 쓰레기 수레를 밀고 나타났다. 벌써 수도 없이 본 장면이었다. 노인은 웃통을 벗고 반바지만 입고 맨발로 다녔다. 햇볕에 노르스름해진 수염에 눈빛이 굉장히 매섭고 허리는 언제나 구부정했다. 이 노인의 가장 큰 취미는 바로 이 마을 거리 청소였다.

마을 사무소의 카스 씨에게 청소부를 고용한 거냐고 물은 적이 있는데 대답은 이러했다.

"퇴직하고 북유럽 추위를 못 견뎌 건너오신 분이에요. 이 마을에 사신 지 아주 오래됐어요. 돈도 안 받고 거리를 청소하겠다는데 마다할 이유가 없죠."

이 미쳐도 단단히 미친 노인네는 이른 아침부터 수레를 밀고 거리로 나왔다. 첫 번째 거리부터 청소를 시작해 내가 사는 거리까지 오면 이미 점심때였다. 어떻게 청소하냐고? 먼저 작은 빗자루로 먼지를 쓸어내고 대걸레로 다시 박박 닦았다. 이 노인이 청소한 길은 어찌나 깨끗한지 혀로 핥아도 될 정도였다.

그날 노인이 우리 집 창밖을 청소하는데 바람이 휙 불어왔다. 하얀 꽃잎이 흩날리자 노인은 떨어지는 꽃잎을 한 잎 한 잎 주웠다. 바닷바람이 다시 세차게 불어와 꽃잎이 또 우수수 떨어지자 노인은 또다시 하나하나 주웠다. 바람이 불고 떨어진 꽃잎을 줍고, 20분이 넘도록 이 짓거리를 되풀이하고 있었다. 나는 더 이상 참을 수가 없어 맨발로 돌계단을 뛰어 내려갔다. 아예 그 나무를 마구 흔들어 꽃잎을 다 떨어뜨려 버렸다. 그러고는 쪼그리고 앉아 아무 말 없이 이 미친 영감님을 도와 꽃잎을 주웠다.

꽃잎을 줍다 머리를 맞부딪치기 직전, 나는 고개를 들고 노인을 보며 배시시 웃었다.

"이만하면 만족하시죠?"

내가 독일어로 물었다.

이 노인네는 그제야 허리를 펴고 일어나더니 그리스 신처럼 엄숙한 눈길로 나를 뚫어져라 바라보았다.

"올라가서 차 한잔 하실래요?"

노인은 고개를 끄덕이고는 나를 따라왔다. 나는 차 한잔을 내놓고 맞은편에 앉았다.

"독일어 할 줄 아는구먼?"

노인은 한참이 지나서야 입을 열었다.

"왜 그렇게 날마다 거리를 청소하세요? 보는 제가 미칠 지경이에요."

뜻밖에도 노인의 입가에 한 가닥 미소가 떠올랐다.

"청소를 해야 안 미쳐. 청소를 안 하면 다들 불편하지 않나."

"그렇다고 걸레질까지 해야 돼요? 힘들지 않으세요?"

"잘 듣게나, 젊은이. 이 마을에는 거리를 청소할 사람이 필요하다네. 그런데 스페인 정부에서 청소부를 안 보내 줘. 그러니 나라도 날마다 청소를 해야지."

차를 다 마시자 노인은 자리에서 일어났다. 그리고 또다시 거리를 청소하러 뙤약볕 아래로 돌아갔다.

"영감님은 진짜 바보예요."

창가에 서서 소리쳤지만 노인은 아랑곳하지 않았다.

"왜 돈도 안 받으세요?"

또다시 물었지만 역시 아무 대답이 없었다.

일주일 뒤, 그 늙은 미치광이 옆에는 젊은 미치광이 하나가 따라붙었다. 점심때쯤 노인이 나타나면 나는 신이 나서 계단을 뛰어 내려갔다. 그리고 노인을 도와 마을 길 절반을 쓸고 다녔다. 늙은 미치광이는 고지식하고 성실하게 일했고 젊은 미치광이는 그저 나무만 흔들어댈 뿐이었다. 이웃집 나무를 흔들어 잎을 떨어뜨리면 노인이 와서 꼼꼼히 주웠다. 그러고 나면 이 아름다운 거리는 너무나 깨끗해졌다. 신발 신고 밟기가 민망할 지경이었다.

이 노인은 내 마음에 쏙 든 첫 번째 노인이었다. 지금껏 생각했던 노인과는 딴판인.

어느 날 시내로 장을 보러 나갔다. 찬거리를 다 사고 차를 몰고 돌아오는데 윗집에 사는 독일인 노부부가 장바구니를 들고 걸어가고 있었다.

나는 가볍게 경적을 울리며 버스 기다리지 말고 같이 타고 가자고 권했다. 노부부는 몹시 고마워하며 차에 올랐다.

집 앞에 이르러 노부부를 내려 주었다. 너무나도 늙어 보이는 그들을 보자 나도 모르게 참견병이 도지고 말았다.

"저는 요 아래 살아요. 18번지요. 여기 테라스 아래쪽 집이에요. 급한 일이 생기면 저를 부르세요. 차가 있으니까요."

말이 떨어지자마자 후회가 밀려와 얼른 한마디 덧붙였다.

"그러니까 제 얘기는, 아주 긴급한 일이 생기면요. 그럴 때 부르세요."

"허허! 그러니까 내가 심장 마비라도 일으키면 그때 부르라는 뜻이구먼, 안 그래요?"

사실 바로 그런 뜻이었다. 이 눈치 빠른 영감님에게 불손한 동정심을 들켜 버린 나는 무안해서 어쩔 줄 몰랐다.

일주일이 지난 저녁, 노부부는 정말로 나를 찾아왔다. 문을 열고 두 사람을 보는 순간 나는 바짝 긴장했다.

"얼른 가서 차 빼 올게요. 잠깐만 기다리세요."

"아니 젊은이, 차 몰고 어디 가게요?"

할아버지가 눈을 휘둥그렇게 뜨며 물었다.

"저도 모르죠."

내가 큰 소리로 대답했다.

"우린 그냥 같이 산책하자고 왔다오. 사람이 다리가 있는데 걷지 않으면 쓰나."

"어디로 가시게요?"

속으로 노부부의 나이를 어림해 보았다. 180살은 너끈히 넘겠는데. 걸음은 또 얼마나 느려 터졌을까. 아무래도 같이 가고 싶지가 않았다.

"바닷가를 거닐며 해 지는 광경이나 봅시다."

할머니가 상냥하게 말했다.

"좋아요, 한번 가보죠 뭐. 그렇지만 저는 걸음이 무지 빠르다고요!"

　나는 문을 잠그고 노부부와 함께 언덕을 내려가 바닷가로 향했다.

　세 시간 뒤, 나는 다리를 절뚝거리며 집으로 돌아왔다. 목에는 할머니 손수건을 감고 몸에는 할아버지 스웨터를 걸치고. 집 앞까지 오니까 너무너무 피곤했다. 그대로 돌계단에 털퍼덕 주저앉아 꼼짝도 할 수가 없었다.

　"젊은이, 많이 좀 걸어 다녀요. 그렇게 허구한 날 차에만 앉아 있지 말고. 바닷가 한번 걷고 왔다고 그 모양이면 나중에 늙어서 어쩌려고."

　할아버지는 큰 승리를 거둔 듯 흐뭇한 말투였다. 나는 머리를 긁적이며 할아버지를 노려볼 뿐 받아칠 말을 찾지 못했다. 세상에는 별의별 노인이 다 있구나. 나는 점점 그들이 좋아지기 시작했다.

　물론 나는 여전히 소인배였고 이익이 되지 않는 벗은 사귀지 않았다. 다만 이 노인네들한테서는 얻어낼 것이 꽤 있었다.

　뒷마당에 홍당무를 조금 심었다. 잘 자라고 있는지 궁금해 매주 호세가 올 때마다 가서 뽑아 봤지만 홍당무는 좀처럼 커지지 않았다. 언제나 가느다란 실오라기 같았다.

바닷마을 이웃들

어느 날 또 혼자 쭈그리고 앉아 샘플을 하나 뽑아 들고 얼마나 자랐나 살펴보고 있었다. 한참 열중해 들여다보는데 나지막한 담장 너머에서 난데없이 껄껄 웃는 소리가 들려왔다. 나는 깜짝 놀라 엉덩방아를 찧고 말았다.

"그렇게 날마다 뽑아 보면 어떡해. 홍당무가 남아나질 않겠어!"

우리 오른쪽 집에 사는 이웃이 큼직한 페인트 붓을 들고 사다리 위에 서서 나를 내려다보고 있었다.

"이것들이 자랄 생각을 안 해요."

내가 말했다.

"우리 집 마당 좀 봐야겠는데."

그 말을 듣고 나는 쥐구멍에라도 숨고 싶었다. 이 이웃도 노인네였는데 그의 뜰은 꽃이 만발하고 나무가 무성해 아름답기 그지없었다. 그런데 우리 집 꽃밭에는 잡초조차 자라려 들지 않았다.

나는 당장 집으로 뛰어 들어가 원예서 한 권을 가져와 담장에 올려놓았다.

"책에서 하라는 그대로 했는데요. 그래도 통 안 자라요."

"저런! 책은 봐도 소용없어. 내가 건너가서 좀 봐줘야겠군."

노인이 사다리를 타고 담장을 넘어왔다.

두 달 뒤, 우리 집 마당에서는 옆집 노인네가 심어 놓은 해당화만 쑥쑥 자라고 있었다.

"은퇴하기 전에 꽃집 하셨어요?"

호기심이 모락모락 피어올랐다.

"나는 평생 돈을 만졌어. 은행에서 다른 사람들 돈을 세며 살았지. 퇴직하고 나서 안사람 건강 때문에 이 섬에 와서 살게 됐어."

"할머니는 한 번도 못 뵈었는데요."

"그 사람은 작년 겨울에 죽었어."

노인은 고개를 돌려 바다를 바라보았다.

"죄송해요."

나는 노인을 차마 볼 수가 없어 가만히 쪼그리고 앉아 흙만 파헤쳤다.

"맨날 집을 칠하시네요? 힘들지 않으세요?"

"힘들긴. 언젠가 내가 죽으면 우리 할멈하고 다시 이 집에 와서 살려고 그래. 그때 다시 자네를 보겠구먼. 자네는 우릴 못 보겠지만."

"영혼 얘기하시는 거예요?"

"왜, 무서워?"

"무섭긴요. 제 앞에 꼭 한 번 나타나 주시면 좋겠어요."

노인이 너털웃음을 터뜨렸다. 아내를 잃고도 이토록 활력이 넘치는 걸 보니 괜스레 못마땅한 마음이 들었다.

"할머니 생각은 안 나세요?"

나는 노인을 들쑤셔 보았다.

"젊은이, 사람이라면 다 가야 할 길이야. 나도 당연히 할멈이 생각나지. 그렇지만 하느님께서 나는 안 부르신 걸 어쩌겠나. 그러니 남은 생, 최선을 다해 즐겁게 살아가야지. 자포자기하고 있어 봤자 자식들만 속상해."

"자식들이 보살펴 드리지 않아요?"

"애들은 애들대로 다 바쁘게 살지. 나는 혼자 살아도 내가 쓸모없는 늙은이라고 여긴 적은 한 번도 없어. 애들이 뭐 하러 날 보살펴?"

말을 마치자 그는 페인트 통을 들고 다시 벽을 칠하러 갔다.

자식은 노후 대비용이 아니다. 이런 열린 인생관은 내 눈에는 대단히 지혜롭고 용기 있게 보였다. 그동안 내가 보아 온 중국과 미국 노인들은 꽤나 비관적이었다. 그런데 유럽 노인은 전혀 달랐다. 적어도 내 이웃들은 그랬다.

나는 또 에릭이라는 노인을 알게 되었다. 에릭 역시 퇴직한 사람이었다. 이웃들을 위해 이런저런 잡일을 해주느라 정신없이 바빴지만 돈은 한 푼도 받지 않았다.

어느 날, 차고 문을 고치려고 핀란드인 목수를 찾아갔는데 집에 없었다. 그때 누군가 에릭을 찾아가 보라고 일러 주었다.

에릭은 일흔네 살이나 되었는데도 날마다 공구를 들고 이 집 저 집 다니며 이것저것 고쳐 주었다. 도무지 그 나이로 보이질 않았다.

차고 문을 다 고친 에릭이 내게 말했다.

"오늘 저녁에 우리가 음악회를 여는데. 아가씨도 올 테요?"

"어디서요? 무슨 음악회인데요?"

"민요 연주회라오. 스웨덴, 덴마크, 독일 민요 다 연주하지. 아가씨도 와서 들어요. 꼭 오면 좋겠구려."

그날 저녁, 각자 악기를 품에 안은 노인들이 에릭의 집 널찍한 옥상으로 모여들었다. 다들 잔뜩 신바람이 나 보였다. 나는 난간에 앉아 공연이 시작되기를 기다렸다.

피리, 바이올린, 아코디언, 하모니카 선율에 장단을 맞추는 손뼉 소리와 그윽한 휘파람 소리가 더해졌다. 그리고 음악에 맞추어 한 노부인이 가슴을 활짝 펴고 우렁차게 노래를 불렀다.

에릭은 바이올린을 켰다. 한 영감님이 나에게 익살스럽게 다가와 허리를 굽혔다. 나는 난간에서 폴짝 뛰어내려 함께 왈츠를 추었다. 어르신과 함께 이렇게 우아하게 춤을 춰보기는 처음이었다. 내가 노인들에게 이토록 매료될 줄이야. 그들의 삶은 풍요로워 보였다. 얼마 남지 않은 인생을 단단히 움켜쥔 채 뜨겁게 살아가는 그들에게 나는 제대로 감동받았다. 그날 밤, 달빛이 내린 바다에 어우러진 눈앞의 광경을 보며 나도 모르게 죽음이라는 문제를 떠올리게 되었다. 삶이란 이토록 아름다운데 하느님은 왜 우리를 하나씩 하나씩 거두어 가시는 걸까? 나는 영원히 살고 싶었다. 영원히 이 세상을 떠나고 싶지 않았다.

어느 날 나는 또다시 에릭을 찾아갔다. 바닷가에서 주운 나무토막을 자를 톱이 필요했다.

문을 열어 준 사람은 일흔 살 된 과부 애니였다.

"싼마오, 우리한테 좋은 소식이 있다우. 안 그래도 조만간 찾아갈 생각이었는데."

"무슨 일인데 그렇게 싱글벙글이세요?"

나는 빙그레 웃으며 수영복을 입은 애니를 살펴보았다.

"에릭이랑 나, 지난달부터 같이 살기 시작했다우."

이런 놀라운 소식이 있나. 나는 너무 기뻐서 애니를 번쩍 안아 들고 빙 돌았다.

"정말 잘됐어요. 축하드려요!"

고개를 쭉 뽑아 집 안을 들여다보니 에릭이 바이올린을 켜면서 나에게 고개를 끄덕여 보였다. 나는 안으로 뛰어들었다.

"에릭, 어쩐지 그날 밤에 애니한테만 춤추자고 청하더라니. 이렇게 된 거였어요!"

애니는 얼른 부엌으로 가서 커피를 내왔다.

커피를 마시는 동안 애니는 행복에 겨워 보였으나 에릭은 오히려 말수가 적었고 고개도 제대로 들지 못했다.

"싼마오, 결혼하지 않고 동거하는 사람을 어떻게 생각하우?"

애니가 불쑥 물었다.

"제가 상관할 일이 전혀 아닌데요. 두 분이 어떻게 사시든 다른 사람은 한 마디도 뭐라 할 권리가 없어요."

"그럼 자네는 찬성하는 거지?"

"저는 행복한 사람들을 보는 게 좋아요. 결혼이야 했건 안 했건."

"우린 결혼을 못 한다우. 결혼하면 전남편 연금을 못 받게 되거든. 에릭이 받는 연금은 에릭 혼자서만 살아갈 만큼이라서."

"저한테 구구절절 설명 안 하셔도 돼요, 애니. 저 그렇게 꽉 막힌 사람 아니에요."

에릭이 톱을 가지러 나간 사이에 나는 거실 책꽂이에 놓인 사진을 구경했다. 에릭의 가족사진 곁에 애니의 가족사진이 나란히 놓여 있고, 에릭의 전처 사진도 치워지지 않고 원래 자리에 그대로 놓여 있었다.

"에릭하고 나는 둘 다 과거가 있다우. 똑같이 과거의 짝을 그리워하고 있고. 어쨌든 사람은 계속 살아가야 하고 이왕이면 행복하게 살아야지. 그게 과거의 사랑을 부정하는 건 결코 아니야……."

"그러니까 인생의 매 과정을 비워 놓을 수는 없다는 얘기죠? 저는 그렇게 사는 게 아주 자연스럽다고 생각해요. 애니, 그렇게 자꾸 해명하지 마시라니까요. 제가 설마 그런 것도 이해 못 할까 봐요?"

나는 톱을 빌려 바닷가에 가서 나무토막을 잘랐다. 마침 해가 떨어지고 있었다. 붉은 노을이 하늘 가득 곱게 물들어 갔다. 어둑해질 때까지 톱질을 하다가 자른 나무토막을 끌고 집으로 향했다. 에릭의 집에 들러 울타리 안에 톱을 넣어 두는데 부엌에서 애니가 소리 높여 부르는 노래가 들려왔다. 일흔 살 노인의 노랫소리에는 사랑의 환희가 넘쳐흘렀다.

천천히 집으로 돌아오며 날짜를 헤아려 보았다. 호세가 돌아오려면 아직 나흘이나 남았다. 처음에는 노인들만 사는 마을에서 혼자 지내다 보면 그들의 외로움과 슬픔에 물들어 버릴 줄 알았다. 그런데 웬걸, 인생의 끝자락에도 봄날이 있고 희망이 있고 자신감이 있었다. 이것이 바로 생명을 향한 끈질

긴 사랑 그리고 진실하고 지혜로운 삶의 태도가 빚어낸 기적처럼 눈부신 만년이 아닐까.

  나는 아직도 나라는 사람을 확실히 모른다. 남은 내 인생은 어떻게 보내야 할까? 내가 한물간 폐물로 여기던 노인들, 그들은 내게 그 어떤 교실에서도 배울 수 없는 귀한 것을 가르쳐 주었다.

바닷마을 이웃들

대부여 돌아와요

 내 남편 호세에게는 마음이 아주 잘 맞는 절친한 친구가 하나 있다. 미카이라는 친구다. 둘은 취미도 같고 하는 일도 같으며 군대에 가서까지 같은 부대에 있었다. 미카이는 호세에게 진정 형제나 다름없는 친구였다.

 3년 전 호세와 내가 사하라에 가서 살고 있을 때 우리는 미카이에게도 파견 근무를 신청해서 사막으로 오라고, 낭만적인 사막 생활을 함께하자고 권했다.

 그때 호세와 나는 가정을 꾸리고 안정된 생활을 하고 있었지만 미카이는 독신자 기숙사에 살았다. 주말이면 미카이는 먼 길을 마다 않고 우리 집을 찾아왔다. 우리 거실에 자연스레 자리를 펴고 몇 끼를 거하게 얻어먹으며 이틀을 죽치다가 다시 일터로 돌아가곤 했다.

　이렇게 사막에서 동고동락하며 지낸 세월이 꽤 길었다. 그동안 우리는 점점 세간이 늘어나고 저축도 좀 했다. 부담 없는 독신인 미카이는 씀씀이가 우리보다 훨씬 컸다. 미카이는 돈을 계획 없이 펑펑 써댔다. 친구에게 턱턱 돈을 빌려주고, 기분이 좋으면 오디오 기기를 닥치는 대로 사들이고, 울적해지면 그길로 스페인행 비행기표를 사서 여자 친구를 만나러 훌쩍 날아갔다. 미카이는 아무런 속박 없이 자유롭게 살아가는 유쾌한 싱글이었다.

　나는 늘 미카이에게 빨리 결혼해서 가정을 꾸리라고 권했다. 고향에서 소꿉동무 베티가 10년이 넘도록 목 빠지게 기다리고 있었기 때문이다.

　그때 미카이가 결혼하지 않겠다고 고집한 이유는 딱 하나였다. 가장 사랑하는 사람을 사막에 데려와 고생시키고 싶지 않다는 것이었다.

　미카이는 제대로 된 집을 장만하고 돈을 많이 모으고 직위도 좀 올라가면 그때 베티를 아내로 맞이하겠다고 했다.

　미카이가 말하는 좋은 남편의 필수 조건은 물론 베티를 사랑하는 마음에서 비롯된 것이었다. 그렇지만 아내를 맞이하는 것이 관세음보살을 모셔다 놓고 아침저녁으로 공양하는 일은 아니지 않은가. 내가 보기에 미카이의 기다림은 지나친 완벽주의로 그럴 필요가 전혀 없었다.

서사하라가 분할되자 나는 사막 맞은편 대서양에 있는 작은 섬에서 살게 되었고 호세는 주말마다 비행기를 타고 나를 보러 왔다. 미카이도 자연스레 같이 와서 우리 가정의 온기를 맛보곤 했다.

미카이는 카나리아 제도에 올 때마다 시내에 나가 값비싼 선물을 잔뜩 사 들고 와서는 머나먼 고향에 있는 여자 친구에게 보내 달라고 부탁했다. 홀로 계신 어머니께 부쳐 달라며 돈을 맡기기도 했다.

이렇듯 미카이는 분방하고 대범하며 돈을 물 쓰듯 써대는 친구였다. 미카이가 버는 돈이면 평범한 가정을 꾸려 나가기에 충분했지만, 그는 구름 속을 나는 학처럼 자유로이 지내며 결혼이라는 중차대한 일을 기약 없이 미루고 있었다.

어느 날 나는 미카이의 여자 친구 베티로부터 기나긴 편지를 받았다. 서툰 글이었지만 미카이와 오랜 시간 헤어져 지내는 고통과 무력감이 절절히 담겨 있었다. 이 순정녀의 편지에 나는 깊이 감동했다. 미카이와 베티가 하루 빨리 가정을 이루도록 어떻게든 돕고 싶었다.

미카이가 호세와 함께 우리 집에 오자마자 나는 베티를 위해 간절한 구혼 작전을 펼쳤다. 나는 베티의 편지를 미카이에게 건네주었다. 편지를 다 읽자 미카이는 눈시울이 촉촉해지더니 말없이 소파에 누워 천장만 바라보았다.

"난 베티를 너무너무 사랑해요. 괜히 데려다 고생시키고 싶지 않아요. 그래서는 베티를 볼 면목이 없다고요."

"베티가 고향에서 목 빠지게 기다리는 건 고생이 아니고요?"

"결혼할 돈이 없어요."

"어허!"

옆에서 듣던 호세가 버럭 소리를 질렀다.

"세상에는 돈을 안 밝히는 순진한 여자도 있다고, 싼마오 좀 봐, 내가 뭐 돈 쓴 것도 없는데 사막까지 달려와 나한테 시집 왔잖아."

나는 빙긋 웃으며 미카이를 격려했다.

"베티도 좋은 아내가 될 테니 걱정 말아요. 결혼이 그렇게 심각한 일은 아니에요."

그때 우리 집에는 닭고기 굽는 냄새가 가득했다. 탁자 위에는 예쁜 들꽃이 꽂혀 있고 아름다운 음악이 흘러나왔으며 미카이 앞에는 행복한 부부가 앉아 있었다. 그야말로 한 폭의 그림처럼 단란하고 따스한 장면이었다.

미카이는 감동받고 말했다. 당장 그달 치 월급을 내게 건네며 은행에 넣어 달라고 부탁하더니 호세에게 대필을 시켜 미래의 장인어른께 더없이 공손한 편지를 썼다. 그러고는 국제전화를 걸어 베티에게 결혼식 준비를 하라고 했다. 그날 나는 미카이를 위해 우리가 사는 바닷가 마을에 작고 예쁜 집까지 구해 놓았다.

20일쯤 지났을까, 마침내 미카이가 사막에서 돌아왔다. 미카이는 우리 집에서 하룻밤을 묵으며 호세에게 스파르타식으로 결혼 상식을 속성 보충했다. 그리고 비로소 늠름하고도 침착한 모습으로 스페인행 비행기에 올랐다.

신부를 맞으러 가는 미카이에게 내가 말했다.

"걱정할 것 없어요. 결혼식 끝나면 전보로 비행기 편을 알려줘요. 호세가 없어도 내가 마중 나갈게요."

가장 신난 사람은 역시 호세였다. 미카이도 우리처럼 가정이 생긴다는 사실에 호세는 뛸 듯이 기뻐했다. 더군다나 그들은 고달프게 사막에 가정을 꾸리는 것도 아니다. 베티는 한결 편안한 출발을 하게 되리라.

이 세상 부부의 모습이란 다들 제각각이다. 하지만 결혼하면 똑같이 맞닥뜨려야 하는 두 가지 일이 있다. 하나는 돈 버는 일, 또 하나는 밥 먹는 일이다.

남자는 밖에서 돈을 벌고 여자는 집에서 밥을 하는 경우가 많다.

결혼하자 미카이도 예외는 아니었다. 미카이는 사막에서 힘들게 돈을 벌다가 휴일에는 비행기를 타고 집에 돌아와 베티와 함께 지냈다. 내 남편처럼 미카이도 모범적인 남편이었다.

우리는 줄곧 미카이를 호세의 형제처럼 여겼다. 지난날 미카이가 우리 집에서 해결한 끼니는 헤아릴 수도 없었다. 그래서 베티와 미카이가 결혼하고 석 달이 되어 가자 우리는 묵은 빚을 받아내고 싶어 참을 수가 없었다. 기어이 한번 베티에게 제대로 얻어먹고 싶었다.

미카이의 별명은 바로 '대부'였다. 의리 있고 우정을 중시하며 자신을 알아보는 자에게는 목숨도 바치는 뜨거운 남자였기 때문이다. 사실 미카이의 아내가 우리를 초대한 것은 우리 성화에 못 이겼기 때문이지만, 호세는 미카이가 산해진미를 차려 놓고 우리를 배 터지게 대접하리라고 철석같이 믿었다. 그래서 호세는 손오공처럼 천궁에 가서 한바탕 휘젓겠다는 일념으로 전날부터 쫄쫄 굶고 있었다.

일요일 아침, 호세는 당연히 아침밥을 거부했다. 우유 한 방울조차 입에 대지 않고 버티던 호세는 12시 30분이 되자 나를 이끌고 미카이 집으로 가서 문을 두드렸다.

한참을 두드리고 나서야 베티가 느릿느릿 얼굴을 내밀었다. 머리에는 헤어롤이 주렁주렁 매달려 있었다.

"일단 집에 좀 가 있을래요? 막 일어났는데."

우리는 기분 나빠 하지 않고 발걸음을 돌렸다.

"헤어롤을 만 여자가 저렇게 무시무시할 줄이야…… 당신은 저런 짓 안 해서 천만다행이야. 불쌍한 미카이, 한밤중에 깼다가 간 떨어져 죽는 거 아냐?"

어찌나 놀랐는지 호세는 집에 오는 내내 자라목이 되어 있었다.

집에 와서 뉴스를 끝까지 보고, 이제 밥이 다 됐겠지 싶어 또다시 미카이 집으로 갔다. 열려라 참깨, 이번에는 무사히 문이 열렸다.

미카이는 우리를 맞으러 나오지 않았다. 어디 있나 두리번두리번 찾아 보니 방에서 침대를 정돈하고 있었다. 손에는 벗겨낸 침대보를 들고 다리에는 빗자루를 끼고 여태 잠옷 차림이었다. 우리를 보자 미카이는 몹시 미안해하며 말했다.

"앉아들 있어요, 바로 끝나니까."

호세가 부엌으로 달려가 베티에게 소리쳤다.

"형수님, 이 동생 굶어 죽겠어요. 빨리 밥 주세요!"

그러나 쥐 죽은 듯 아무 반응도 없었다.

나는 베티를 도와주려고 얼른 부엌으로 갔다. 수프 한 솥만 부글부글 끓고 있을 뿐 부엌은 썰렁하기 그지없었다. 베티는 감자만 죽어라 썰고 있었다.

살그머니 냉장고를 열어 보니 고기 네 조각이 들어 있었다. 아무리 세어 봐도 한 사람당 딱 한 조각이었다. 나는 감히 뭘 물어볼 수가 없었다.

오후 3시가 되어서야 우리는 실오라기 같은 건더기가 있는 멀건 수프를 먹을 수 있었다. 이어 베티가 감자튀김과 스테이크 네 조각을 내왔다.

우리는 아주 얌전하게 식사를 마쳤다. 우리가 미처 일어나기도 전에 미카이가 쏜살같이 접시를 거두어 부엌으로 사라졌다.

곧이어 설거지 소리가 들려왔다.

지난 몇 년간의 미카이 모습이 떠올랐다. 우리 집에서 밥을 먹고 나면 미카이와 호세는 접시를 쓱 밀어 놓고 잽싸게 식탁을 떠났는데. 지금 이런 모습을 보니 괜스레 허탈했다.

"결혼하고 미카이가 많이 안정됐어요. 이제 저축을 시켜야지. 미래를 생각해야죠."

베티는 결연하게 계획을 밝혔다. 다 일리 있는 얘기였고 베티는 사실 충실한 아내였다. 그러나 나는 듣는 내내 미카이가 왠지 안쓰러운 마음이 들었고 또 은근히 불만스럽기도 했다.

우리가 집에 돌아가려 하자 미카이는 그제야 부엌에서 나와 우리를 배웅했다. 그리고 민망한 듯 이렇게 말했다.

"다음에 다시 초대할게. 베티가 오늘 몸이 안 좋아서 제대로 준비를 못 했어."

나는 얼른 말을 끊고 다음 날 베티와 함께 장 보러 가기로 약속했다. 미카이를 자꾸 변명하게 만들고 싶지 않았다.

집으로 돌아오는 길에 호세가 내 손을 꼭 잡고 가만가만 말했다.

"고마워, 여보!"

"뭐가 고마워?"

"당신은 남편뿐 아니라 남편 친구까지 배불리 먹여 주잖아."

사실 베티가 내 남편을 배불리 먹이든 말든 전혀 상관없었다. 베티는 호세의 아내가 아니니까. 나도 내가 손님으로 초대되어 배불리 먹었든 못 먹었든 개의치 않았다. 다만 헤어질 때 미카이가 우물쭈물거리며 난감해하던 표정만은 머릿속에서 사라지지 않았다.

세상에 태어난 모든 사람은 어릴 적부터 이 한마디가 입에 밴다. 바로 '내 거'라는 말이다.

사람이란 소유욕이 있을 뿐 아니라 자기 소유물을 남들에게 분명히 밝히고 싶어 한다. '우리' 아빠, '우리' 엄마, '내' 동생, '내' 친구…… 모두 그렇게 생겨난 말이렷다.

이리하여 여자가 결혼하면 여기에 '내 남편'이라는 결코 잊지 못할 말을 추가한다. 결혼 서약서에 서명하는 순간 남편은 아내의 한몫 재산이 되고 만다.

호세는 어떤가. 나는 호세의 성격을 정확히 알았다. 호세는 반항심이 투철한 열혈남아였다. 따라서 그를 다루는 유일한 방법은 바로 자유로운 남편으로 방목하는 것이었다.

호세가 집을 나설 때면 나는 주머니에 용돈을 두둑이 찔러 주었다. 친구를 데려오면 사막에 살면서도 맛있는 음식을 만들어 정성껏 대접했다. 외박을 하고 들어와도 잔소리 한 마디 하지 않았다. 양심에 찔린 호세가 설거지라도 하려 들면 나는 곧바로 꿇어앉아 구두를 닦아 주었다.

나 역시 속으로는 호세를 '내' 남편으로 삼으려 했기 때문이다. 그래서 나는 철저하게 호세의 심리에 따라 대처했다. 호세는 매사에 반항적인 인간이었다. 야생마처럼 제멋대로 날뛰게 풀어놓으면 오히려 스스로 올가미 속으로 목을 들이밀었다. 정말이지 청개구리가 따로 없었다. 내가 자유를 주면 줄수록 그는 점점 자유롭기를 거부했다. 이런 나날을 보내며 어느새 호세는 '내 좋은 남편'이 되어 있었다. 속으로는 '아내에게 반항하기' 계략이 성공했다고 믿으면서 말이다. 우리는 제각기 쾌재를 부르며 각자 맡은 자리에서 행복한 가정의 토대를 단단히 다져 가고 있었다.

나는 유도 경기 기술과도 같은 이 '남편 길들이기 전술'을 미카이의 아내 베티에게도 전수하고 싶었다. 그렇지만 그날 차갑기 그지없는 점심을 얻어먹은 뒤로 내 열정도 꽁꽁 얼어붙어 버렸다.

미카이의 결혼은 내가 베티 대신 그토록 애태우며 성사시킨 일이었다. 그런데 지금 미카이를 보면 늠름했던 모습은 간데없고 잔뜩 주눅 든 채 아내 비위만 맞추고 있었다. '대부'는 이미 강을 건넜구나. 다시는 돌아올 수 없는 곳으로 가버렸어. 나는 미카이에게 말도 못 하게 미안했다.

시간은 빠르게 흘러갔다. 사막에서는 전쟁의 불길이 활활 타올랐지만 미카이와 호세의 회사는 그대로 돌아가고 있었다. 회사에 남을지 떠날지는 직원들이 알아서 결정해야 했다.

"어쩔 거예요? 설마 호세를 실업자로 만들려는 건 아니겠죠?"

베티가 내게 물었다.

"호세가 알아서 하겠죠. 그만두고 돌아오면 다른 일을 찾으면 돼요."

"우리 미카이는 아무리 위험해도 가야 돼요. 우린 모아 놓은 돈이 없거든요. 죽지만 않는다면 아무리 위험해도 가서 일해야죠."

이런 베티를 보며 나는 입을 다물었다. 돈이 없는 게 목숨을 잃는 것보다 더 두렵단 말인가?

호세가 사직하고 돌아오자 우리는 진정한 백수건달이 되었다. 할 일도 없고, 바닷가에 가서 고기나 잡으며 신선처럼 유유자적한 나날을 보냈다.

스페인 동료 80퍼센트가 떠나 버린 상황이었지만 미카이만은 사막과 일터를 떠돌며 고생이 이만저만이 아니었다. 이미 유격대가 박격포로 사막의 인산광 현장을 공격하고 있었다.

베티는 우리가 큼직한 물고기를 잡아 올 때마다 잔뜩 얻어 갔다. 나는 물리도록 먹은 터라 누구에게나 흔쾌히 생선을 나눠 주었다.

예전에 우리는 장 보러 갈 때마다 베티 집에 들러 베티를 같이 태워 갔다. 그런데 일을 그만둔 호세가 고기잡이를 하며 지내게 되자 베티의 냉장고는 생선으로 가득 찼다. 그러자 베티는 시간이 없다고 둘러대며 더 이상 장을 보러 가지 않았다.

사막의 난리 통에서 벗어나 집으로 돌아올 때마다 미카이는 생선 접시를 마주해야 했다. 그것도 언제나 가장 간단한 생선구이였다.

"우리 미카이, 내가 만든 생선 요리를 얼마나 잘 먹나 몰라."

베티는 만족스레 웃으며 남편 머리칼을 부드럽게 쓰다듬었다. 베티에게 기댄 미카이의 얼굴에는 비애가 서린 몽롱한 행복이 넘실거렸다.

'우리 미카이'는 베티의 말버릇이 되어 있었다. 베티는 그토록 미카이를 아끼고 사랑했고, 미카이가 벌어 온 돈은 땡전 한 푼까지 악착같이 모았다. 베티의 꿈은 앞으로 아이를 많이 낳아 호화로운 아파트에서 사는 것이었다. 심지어 침실 벽지 색상까지 미리부터 고르며 자기 꿈을 쉬지 않고 조잘거렸다. 베티는 날이 갈수록 말이 많아졌고 또 그럴수록 지당하게 들렸다. 호세와 미카이는 둘 다 꿀 먹은 벙어리가 되었고 나만이 건성으로 맞장구를 쳐주곤 했다.

베티는 살이 찌기 시작했다. 언제나 낡은 정장 차림에 머리에 잔뜩 만 헤어롤을 푸는 날이 없었다. 영화 보러 갈 때조차 헤어롤을 매단 채 스카프를 뒤집어쓰고 갔다. 베티는 헤어롤을 마는 이유마저 잊은 듯했다. 헤어롤은 풀었을 때 예뻐 보이려는 거지 분홍색 과일처럼 머리에 주렁주렁 매달고 다니는 물건이 아닌데.

일요일 밤이었다. 동이 트면 미카이는 또다시 사막의 일터로 돌아가야 했다. 미카이는 너무나도 풀 죽은 얼굴로 베티에게 사막에 가기 싫다는 말을 꺼내 보았다. 그렇지만 미카이 마음대로 결정할 수 있는 문제가 아니었다. 미카이는 아무리 싫어도 쓴웃음을 머금은 채 계속해서 사막으로 돌아가야 했다.

"이렇게 하자! 내일 새벽에 우리가 공항까지 태워다 줄게. 택시 부르지 마."

호세가 미카이에게 말했다.

이튿날 새벽, 베티는 잠옷 바람으로 미카이를 배웅하러 나왔다. 미카이는 베티를 끌어안고 수없이 입을 맞추며 거듭 당부했다.

"자기야, 빨리 돌아올게. 너무 걱정 마."

잠옷 차림인 걸 보니 베티는 공항까지 갈 마음이 없었다. 나도 가기가 싫어졌다.

미카이는 못내 아쉬운 듯 미적미적 차에 올랐다. 차 문이 닫히자 베티가 외마디 소리를 지르며 차로 달려갔다. 베티는 미카이를 차에서 끌어 내리더니 냅다 주머니를 뒤졌다.

"호세가 데려다주니까 택시비는 도로 내놔."

베티는 미카이의 주머니 속에서 지폐 두 장을 꺼냈다. 딱 공항까지 가는 택시비였다.

"그렇지만 베티, 한 푼도 없이 비행기를 탈 순 없잖아. 거기서 일주일을 버텨야 하는데 싹 가져가면 어떡해."

"기숙사에서 먹고 자고 하잖아. 돈 쓸 데가 어디 있어?"

베티는 점점 사나워졌다.

"그렇지만 자기, 나도 가끔 사이다 한 병쯤은 마시고 싶다고."

"잔말 마, 안 된다면 안 되는 줄 알아."

옆에서 듣고 있던 호세가 부글부글 끓어오르기 시작했다. 호세는 미카이를 잡아끌어 차에 태우더니 한 마디 말도 없이 쌩 가버렸다. 나는 울타리 문에 기대서서 이 한바탕 촌극을 지켜보았다. 웃음조차 나지 않는 상황이었다.

"봤죠, 남자란 이렇게 여자가 관리해야 돼요. 우린 벌써 20만 페세타쯤 모았어요. 내가 철저히 관리 안 하면 앞으로 계획대로 되겠어요?"

베티는 이런 식으로 미카이를 사랑하는 거겠지. 아마 그 출발점은 옳았을 것이다. 그렇지만 나는 베티에게 진심으로 동의할 수는 없었다. 더 말하기도 피곤해 집으로 돌아와 버렸다.

나에겐 아무래도 남존여비 성향이 있나 보다. 언제나 미카이가 안쓰러워 보이니.

  섬에 살구꽃이 만발했다. 사막을 떠나 맞이하는 첫 번째 봄이었다. 우리는 미카이 부부와 함께 봄나들이에 나섰다.

  호세와 내가 산으로 들로 신나게 뛰어다닐 때 베티는 두 팔로 미카이를 부둥켜안고 다녔다. 베티의 아담한 몸뚱이는 미카이에게 찰싹 달라붙어 떨어질 줄 몰랐다.

  부부 사이에도 길을 걷는 방식은 제각기 다르다. 친밀한 사이라면 역시 그림자처럼 꼭 붙어 다니기 마련이고 나도 움직일 수 없을 때는 호세에게 업히곤 했다. 하지만 울퉁불퉁 험한 산길에서 베티가 이렇게 사랑의 짐짝 행세를 하고 있으니 우리까지 몹시 불편했다. 호세는 단숨에 먼저 뛰어 올라가더니 산모퉁이를 돌아 사라져 버렸다.

  나는 모닥불을 피워 밥을 지으려고 주위에 흩어진 나뭇가지를 주워 모았다. 베티는 여전히 그녀의 미카이를 꼭 끼고 있었다.

"호세는 어디 갔어요? 왜 저렇게 내버려 둬요?"

"가고 싶은 데 갔겠죠. 배고파지면 돌아와요."

"남편이란 그렇게 양 치듯 풀어놓으면 안 돼요. 미카이처럼 나한테 딱 붙어 있게 해야죠."

말을 마친 베티는 고개를 들어 남편에게 쪽 하고 입을 맞췄다.

호세가 돌아오자 다 같이 모닥불에 지은 밥을 먹었다. 그러고 나서 나는 쪼그려 앉아 흙을 뿌려 불을 끄고 베티는 그릇을 치웠다. 돌아서 보니 호세와 미카이는 벌써 멀리멀리 달아나고 없었다. 나는 느긋하게 야생 약초를 캤고 미카이가 돌아오기만을 애타게 기다리던 베티는 차츰 언짢은 기색을 드러내고 있었다.

약초를 캐느라 베티에게서 점점 멀어졌다. 갑자기 소나기가 퍼붓기 시작했다. 나는 약초를 한 아름 안고 쏜살같이 차로 달려갔다. 그때 어딘가에서 호세와 미카이가 불쑥 튀어나왔다. 손에는 하얀 들꽃을 잔뜩 들고 있었다.

나를 본 호세는 꽃다발을 내 얼굴에 비벼댔고 나도 약초 다발로 호세를 마구 때리며 깔깔거렸다. 그러고 놀다가 뒤를 돌아보니 베티가 새파래진 얼굴로 차에 앉아 있었다. 미카이가 꺾어다 준 꽃은 발아래 팽개쳐져 있고, 울상이 된 미카이가 베티 옆에 납작 붙어 나직이 용서를 빌고 있었다.

"자기야, 그냥 한번 뛰어갔다 온 거야. 자기를 팽개치고 간 게 아냐. 제발 화 풀어."

베티의 살벌한 표정에 우리는 흠칫 놀랐다. 더는 장난칠 엄두가 나지 않아 얌전히 차에 올랐다. 돌아오는 내내 긴장으로 얼어붙은 분위기였다. 이런 성격이면 베티는 미카이와 단 1분만 떨어져 있어도 애정이 식었다고 생각할 사람이다. 이렇게 남편의 사랑에 전전긍긍하는 아내라면 살면서 무슨 재미를 <u>스스로</u> 느낄 수 있을까!

   파우스트가 자기 그림자를 팔아 버렸던가. 그날 미카이가 조심조심 베티를 부축해 차에서 내릴 때 나는 땅바닥을 자세히 살펴보았다. 과연 베티 그림자뿐이었다. 미카이의 발치에는 아무것도 보이지 않았다.

   아내가 되면 먼저 남편의 마음을 가져온다. 이어 남편의 월급을 틀어쥐고 남편의 위장을 장악한다. 그 다음에는 남편의 발에 기다란 실을 묶어 시선이 닿는 곳까지만 돌아다니게 한다. 베티는 사랑이라는 이유로 달콤한 거미줄을 쳐놓고 남편을 그 속에만 갇혀 살게 만들었다. 베티의 집은 그녀의 요새였다. 요새 밖으로 나갈 수 있는 도개교는 다시는 내려지지 않았다.

   미카이는 여전히 베티의 품 안에서 행복하게 지냈다. 우리는 피둥피둥 살이 찐 베티와 함께 산책하는 미카이와 이따금 마주쳤다. 미카이는 호세를 봐도 고개를 떨군 채 아무 말이 없

대부여 돌아와요

었다. 들리는 거라곤 미카이 대신 조잘거리는 베티 목소리뿐이었다.

자유롭게 날아다니던 한 청춘이 결혼을 하자 순식간에 무기력해지고 소심해지고 목소리마저 비굴해진 모습을, 주머니 속에 땡전 한 푼 없는 좋은 남편이 되어 버린 모습을 나는 친히 목도했다.

지난달에 우리는 호세 부모님을 만나러 마드리드에 갔다. 페리를 타고 가는 거라서 차를 몰고 미카이 집에 들렀다.

"부활절인데 고향 안 가?"

미카이가 대답했다.

"비행기표가 너무 비싸서. 베티가 가지 말자네."

"가는 길이니까 우리가 고향집 어머니와 여동생한테 좀 들러 볼까?"

"됐어. 난 편지도 거의 안 보내."

"어머니께 돈 좀 보내 드릴 생각 없어요?"

나는 문에서 눈을 떼지 않은 채 조심스레 물었다.

"안 그래도 돼요. 어머니는 아마 잘 지내실 거예요."

미카이의 목소리는 냉정했지만 괴로움이 깃들어 있었다.

차를 몰고 떠나려는데 베티가 나왔다. 베티는 미카이에게 딱 붙어 서서 미소를 지으며 손을 흔들었다.

"미카이란 놈…… 아이고, 이럴 수가!"

호세가 장탄식을 했다.

"미카이라니?"

"싼마오, 무슨 소리야?"

"미카이는 이제 없어. 미카이는 베티하고 결혼한 그날로 죽어 버렸어."

"그럼 저기 서 있는 녀석은 누구야?"

"저 남자는 미카이가 아냐. 베티 남편이라는 사람이지."

가출한 아내에게

호세의 아내 싼마오는 어느 날 남편이 고기 잡으러 간 사이에 문득 오랫동안 헤어져 지낸 친정 식구들이 보고 싶어졌다. 그리하여 홀로 짐을 꾸려 부모님을 만나러 가기로 제멋대로 결정해 버렸다. 남편에게는 깜짝 휴가를 강제로 안겨 주고 말이다.

아내의 탈주극이 시작되고 나서야 정신이 든 남편은 차를 몰고 부랴부랴 추격에 나섰다.

뜻을 굳힌 싼마오는 작은 보따리를 든 채 뒤도 한 번 돌아보지 않았다. 호세가 공항에서 눈물을 뿌려 보지만 싼마오는 남편의 턱수염을 쓰다듬으며 방긋 웃을 뿐, 표연히 비행기에 올라 머나먼 고향으로 날아가 버렸다.

그런 아내에게 돌아오라고 신문 광고를 내는 것은 호세에게는 참을 수 없는 수치다. 성격상 재차 따지고 들 생각도 없다. 아내를 유유히 떠나게 놔두는 것은 남편으로서 역시 즐거운 일이 아니라고는 할 수 없으니.

한편으로 이런 마음도 든다. 집 안에 설거지거리가 산처럼 쌓일 테고 침대보와 베갯잇을 빨아 줄 사람도 없구나. 평소에는 싼마오의 잔소리가 지긋지긋하기 짝이 없더니 떠나 버린 빈자리가 이렇게 클 줄이야. 불빛 하나 없이 쥐 죽은 듯 고요하다. 공허하고 쓸쓸한 마음을 달랠 길이 없다.

곰곰이 생각해 본다. 싼마오라는 사람은 옆에 있을 때는 성가셔 죽을 지경이더니만 없어지니 갈비뼈 하나가 뽑혀 나간 듯 허전하기 짝이 없다. 뭘 해도 재미가 없고 말도 못 하게 서글프다.

싼마오가 친정에 입성한 지 이틀도 안 되어 알록달록한 우표가 붙은 호세의 편지들이 우체통에 숨어들기 시작했다.

"어라! 경고장이 이렇게 빨리 왔네!"

싼마오는 당장 편지를 집어 뜯어보려 했다. 그런데 다시 살펴보니 봉투에 적힌 것은 엄마 이름이었다. 이제 보니 아내의 보호자인 장모님께 경고장을 보냈군.

"사위가 서신을 올렸으니 어서 읽어 보시지요."

가출한 아내에게

싼마오는 두 손으로 편지를 받들어 어머니께 올렸다.

"착하기도 하지."

어머니가 빙그레 웃으며 편지를 건네받았다.

"그런데 이 편지는 어떻게 보는 거니? 가로야, 세로야?"

"가로요. 제가 해석해 드릴게요."

싼마오는 편지를 건네받아 큰 소리로 읽어 내려갔다.

사랑하는 어머님께

싼마오가 두 분 곁으로 달아나 버렸습니다. 이 사람이 이런 정신 나간 짓을 벌일 줄은 미처 몰랐습니다. 저는 정말로 보내기 싫어서 공항까지 쫓아갔는데 글쎄 싼마오는 비행기 문짝을 부둥켜안고 한사코 버티지 뭡니까. 저도 두 분께서 딸을 사랑하신다는 거 잘 압니다. 그렇지만 그 조그만 여자는 어딜 가든 소란을 피우며 주변 사람들을 못살게 굴 텐데, 차라리 제가 지키고 있어야지 이 사람이 집에 가서 아버님 어머님을 힘들게 하는 것은 정말이지 원치 않습니다. 도망치는 싼마오를 못 잡은 저를 부디 용서하세요. 오늘도 거기서 소란을 피우며 난장판을 만들고 있겠지요. 제발 너그러이 봐주세요. 다음 주에 싼마오에게 속임수 편지를 써서 제 곁으로 돌아오게 할게요. 두 분께서 계속 고생하시게 할 수는 없으니까요.

　쌴마오는 가면서 다른 건 하나도 안 가져갔어요. 유리 쪼개는 데 쓰는 다이아몬드도 서랍 속에 팽개쳐 두고 날마다 먹는 알약하고 주사약 몇 통만 챙겨 갔어요. 어머님도 잘 아시죠. 지난 반년간 쌴마오가 말도 안 되는 말썽을 부리고 다닌 거요. 다른 차를 박아서 수술하러 병원에 입원해 있으면서도 줄곧 신나했다니까요. 그때부터 의사가 매일 약을 먹어야 된다고 했는데 약 먹이기가 얼마나 힘들었나 몰라요. 계속 밥을 먹겠다고 난리인 거예요. 저는 못 먹게 했죠, 건강을 위해서요!

　가고 나서 제가 샅샅이 조사해 보니 먹어야 할 약은 다 챙겨 갔더라고요. 그것만 해도 감지덕지합니다. 그런데 어머님, 이 사람이 약은 가져갔어도 제대로 챙겨 먹을 리가 없어요. 먹는다 해도 죽어라 안 고치는 나쁜 습관대로 사흘 치를 한입에 털어 넣겠죠. 이런 막무가내 행동이 저는 정말 걱정스러워요. 제발 어머님께서 잘 좀 감시해 주세요.

　요 몇 년간 쌴마오는 심각한 건망증에 시달리고 있어요. 그러니 어머님께서 자주자주 말씀 좀 해주세요. 저 호세는 쌴마오의 반쪽이자 남편이라는 사실을요. 날마다 씻고 잠자리에 들기 전에 세 번씩 일깨워 주세요. 그래야지 쌴마오를 속여 넘겨 돌아오게 만들기가 수월할 거예요.

정말 감사합니다, 어머님. 그 어떤 말로도 죄송스러운 마음을 표현할 수가 없네요. 아무쪼록 싼마오가 두 분께 심한 폐를 끼치지 않기를요. 사실 저는 제가 그 사람을 몇 년은 더 참고 견딜 수 있을 줄 알았어요. 이렇게 자기 스스로 달아날 줄은 꿈에도 몰랐습니다. 통제 불능인 제 아내를 부디 너그러이 품어 주세요. 감사하는 제 마음도 받아 주시고요.

아들 호세 올림

단숨에 읽어 내린 싼마오는 가만히 편지를 접으며 중얼거렸다.

"허튼 수작은! 어디 통하나 보자고."

딸을 자애롭게 바라보던 어머니가 이렇게 말씀하셨다.

"건망증이 도지면 안 되지. 그는 호세, 네 남편이야. 적당히 있다가 돌아가렴."

"호세가 무슨 수작을 부리나 봐야죠."

싼마오는 슬그머니 웃으며 알약을 한 움큼 집어 한입에 털어 넣었다.

그 뒤로 호세가 잇 끊어진 연을 아프리카로 돌아오게 하려는 경고 편지가 타이베이 우체통으로 끊임없이 흘러들었다.

싼마오

　당신이 벌인 탈주극 때문에 얼마나 괴로운지 몰라. 당신은 사흘 뒤에나 타이베이에 도착하겠지. 나는 잠도 제대로 못 자고 날마다 라디오만 듣고 있어. 비행기 사고 소식이라도 있을까 걱정돼 죽겠어. 당신이 전에 이런 말을 했었지. 내가 혼자 사막행 비행기에 오르고 나면 당신은 하루 종일 뉴스만 듣고 있다고, 나쁜 소식이 없으면 그제야 잠든다고. 그때는 도대체 왜 그러나 싶었어. 그런데 입장이 바뀌어 당신이 비행기 안에 있으니 그 괴롭고 불안한 심정을 알겠어.

　당신이 내 곁으로 돌아와 주면 정말 좋겠어. 하지만 그렇게 오랜만에 고향에 가는 건데 내가 너무 야멸차게 굴면 안 되겠지. 모국어도 맘껏 쓰고 가족애도 한껏 맛보고 와. 결혼하고 내가 채워 주지 못했던 것들을 타이완에서 충분히 보상받을 수 있을 거야. 부디 잠시 머물다 나에게 돌아와 줘. 내 기다림은 오늘부터 시작이야.

당신의 호세

싼마오

　당신 편지는 빨라야 아흐레 뒤에나 아프리카에 도착하겠지(당신이 답장을 쓴다면 말이야). 오늘은 당신이 떠난 지 이틀

가출한 아내에게

째야. 아직 스위스에서 비행기를 기다리고 있겠구나. 너무너무 보고 싶다. 당신이 떠난 뒤로 나는 아무것도 안 먹었어. 옆집 루터가 엊저녁에 케이크 한 조각을 갖다 줬는데도 지금까지 안 먹었어. 당신이 무사히 도착했다는 소식을 들어야만 넘어갈 것 같아.

부모님과 형제들 만나고 나면 돌아오는 거지? 너무 오래 있지 말고 얼른 오기야!

호세

싼마오

이건 당신이 날마다 복용할 약 이름하고 시간이야. 내가 지금 표로 만든 거니까 이대로 지켜. 당신은 계속 까먹을 게 뻔하니까 이 편지 받으면 어머님께 부탁드려. 이 시간표를 매일매일 챙겨 보게 좀 일러 달라고. 빨간색은 주사 맞는 날이야. 한 달 치 주사약만 가져갔으니까 다음 달에는 아프리카로 돌아오면 좋겠지만, 만약 오지 않으면 내가 곧바로 처방전을 받아다가 부쳐 줄게.

오늘은 떠난 지 사흘째니까 집에 도착했겠지. 사실 나도 얼마나 가고 싶었다고. 그런데 나랑은 한마디 상의도 없이 자기만 홀랑 내빼다니. 혼자 남은 내가 얼마나 힘든지 알아?

아버님 어머님께 안부 전해 드리고, 너무 오래 폐 끼치지 말고 빨리 와!

호세

싼마오

오늘 아버님께서 타이베이에서 보내신 전보를 받았어. 잘 도착했다는 소식에 얼마나 기뻤나 몰라. 당신이 확실히 타이베이에 가 있는 걸 확인하니 이제야 마음이 놓인다. 가다 말고 인도에 내리는 건 아닌가 줄곧 걱정했다고. 혼자 카슈미르로 가서 양이나 치면서 살까 봐. 그런 짓은 안 해줘서 정말 고마워.

배고파 죽겠네. 밥 하러 가야겠다. 아버님 어머님께 감사하다고 꼭 좀 전해 드려. 내 마음을 이해해 주시고 전보를 보내주셔서 말이야.

호세

싼마오

오늘에야 드디어 당신 편지를 받았어. 너무 기뻐서 우체통에 25페세타를 팁으로 넣어 놨어. 그런데 뜯어보니까 글씨를 너무 갈겨쓰고 중국 글자도 잔뜩 있어서 정말 난감했어. 누구한테 해석해 달라고 해야 되지?

오늘 칼이 우리 마당으로 넘어와서 내 어깨를 팍팍 치면서 이러더라. "축하한다, 자유를 찾은 걸. 마침내 마누라를 처치했구나. 여자란 동물은 정말 성가신 존재라니까."

그 말을 들으면서 정말이지 그 녀석 면상을 박살내 주고 싶었어. 혼자 사는 데 익숙해진 총각놈이라 내가 얼마나 행복한지 알 턱이 없지.

오늘 달걀 두 판을 사 와서 당신처럼 맹물에 삶아 봤어. 그런데 당신이 한 것만큼 맛있지가 않더라.

당신이 정말 그리워. 당신 없는 나날은 너무너무 조용하고 미치도록 쓸쓸해. 빨리 와!

호세

싼마오

당신 정말 나쁜 사람이구나. 내가 쓴 편지가 몽땅 당신을 아프리카로 돌아오게 하려는 수작이라고? 정말 억울하다. 당신 같은 사람한테는 어떤 감언이설도 안 통한다는 걸 내가 모르겠어? 난 마음속에 있는 말을 그대로 썼을 뿐이야. 거짓말도 아니고 가식도 아니니까 괜한 의심은 하지 말아 줘. 돌아와 달라고 부탁하는 건 아버님 어머님께서 좀 편히 지내셨으면 해서 그래. 물론 당신이 무지무지 보고 싶기도 하고. 40일 휴가를 채우면 돌아오기야, 이렇게 날 거부하지 말고.

오늘 카나리아를 또 한 마리 잡았어. 이제 모두 세 마리네. 집에 생쥐도 한 마리 들어와서 내가 매일 치즈를 먹이고 있어.

시간이 정말 더디 간다. 당신이 돌아온다는 소식은 영원히 없을 것 같아. 오늘 온 집 안을 청소하고 마당에 난 잡초도 뽑았어.

이제 매 끼니 달걀 프라이를 먹고 있어.

편지해!

호세

싼마오

오늘 이웃에 사는 게리가 바닷가에서 죽어 있었어. 절뚝거리며 바닷가에 간 게 어제 한낮인데 오늘 내가 바위 위에서 시신을 발견했지 뭐야. 지금 경찰에게 스위스 영사를 불러 달라고 하려고. 게리의 집은 곧 폐쇄되겠지.

싼마오, 세상일이란 게 이토록 예측 불가야! 지난달만 해도 당신과 춤을 추던 늙은 게리가 지금 이렇게 조용히 죽음을 맞다니. 너무나 슬퍼서 하루 종일 아무것도 못하고 넋 놓고 있어. 나중에 우리 모두 게리가 묻힌 그곳으로 가겠지.

빨리 돌아와! 남아 있는 내 모든 시간을 당신과 함께 조용히 누리고 싶으니까. 짧은 인생, 더 이상 헤어져 있지 말자!

빨리 와, 빨리! 보고 싶어!

호세

싼마오

당신은 사람은 늙으면 죽는 거라고, 자연스러운 현상이니까 그냥 받아들이고 슬퍼하지 말라고 했지. 그래도 난 여전히 당신이 빨리 돌아와 줬으면 해. 당신은 거기서 매일매일 부모 형제와 같이 있으니 당연히 시간이 쏜살같이 흘러가겠지. 아프리카에 혼자 남은 나는 날마다 당신이 그립다고. 지금 당신이 보내는 시간은 '천상의 하루'겠지만 나에겐 '현세의 천년'이라고. 난 금방 폭삭 늙고 말 거야.

당신이 아프리카로 돌아와 봤자 나한테 좋을 게 뭐냐고? 솔직히 뭐라고 대답해야 할지 모르겠어. 그렇지만 돌아와 달라고 진심으로 부탁할게. 내 마음을 제대로 표현은 못 해도 당신이 다 알 거라고 믿어. 돌아올 날짜는 정했어?

호세

싼마오

편지가 너무 오래 안 오고 있잖아. 날마다 목 빠지게 기다리고 있다고. 타이루거 협곡이라도 여행하나 본데, 여행지에서도 엽서 한 장은 보낼 수 있잖아!

소식이 없으니 정말 불안해 죽겠네.

밤새 한잠도 못 잤다고.

호세

싼마오

당신 놀러 다니느라 제정신이 아니구나. 아니면 건망증이 확 도졌어? 그것도 아니면 타이베이 우체국이 파업 중이야? 왜 이리 오랫동안 소식이 없어?

나 안달 나서 죽는 꼴 볼래? 당신이 그립다고!

호세

싼마오

어제 내가 건 장거리 전화는 지명 통화였어. 결론부터 말하자면 당신은 집에 없더군. 시차를 계산해 봤더니 타이완 시간으로 밤 열한 시 반인데도 부재중이라 그냥 끊을 수밖에 없었다고. 싼마오, 너무 오랫동안 소식이 전혀 없잖아. 무

가출한 아내에게

슨 일이라도 생긴 거야? 난 어젯밤을 꼴딱 샜어.

빨리 편지해!

호세

싼마오

이 지렁이 기어가는 글씨가 무슨 뜻이야?

台灣很好*가 무슨 뜻이냐고? 거기 눌러앉게?

여기 당신 남편이 있다는 사실을 잊었어?

내가 어떻게 빌어야 돼? 당신이 심어 놓은 꽃들이 다 피었다 졌건만 당신은 여태 온다는 말이 없네.

호세

호세는 집 나간 아내에게 빨리 돌아오라는 경고 편지 수십 통을 보냈다. 그러나 싼마오는 아랑곳하지 않았다. 자연에서 노니는 중이니 어찌 즐겁지 아니할까. 마음 한 켠에 아프리카가 있긴 했지만 크게 신경 쓰일 정도는 아닌지라 빨리 돌아가야겠다는 생각은 조금도 들지 않았다. 호세는 100퍼센트 좋은 남편이니 해상 반란 사건을 연출할 리도 없었다. 싼마오는 마음 푹 놓고 호세에게는 신경을 꺼버렸다.

---

* '타이완은 아주 좋아'라고 중국어로 써 보냈다.

싼마오

당신이 떠난 지 얼마나 됐는지도 모르겠다.

어제 칼이 와서 같이 나가자고 하기에 시내에 갔지. 칼은 시내에 친구가 굉장히 많아. 전부 다 아주 상냥한 아가씨더라. 우리는 맥주를 조금 마시고 공연을 보고 집에 왔어. 야심한 밤에.

알고 보니 독신 생활도 그리 나쁜 건 아니더군. 특히 밤늦게 들어와도 바가지 긁는 사람이 없다는 건 정말 색다른 경험이었어.

칼이 평생 결혼 안 하겠다는 이유를 이제 좀 알 것 같아.

오랫동안 편지가 안 오는 걸 보니 아마 진먼에 가 있나 보다. 휴가 즐겁게 보내.

호세

싼마오

이번에는 웬일로 답장이 이렇게 빨리 왔지? 칼하고 술 좀 마신 게 뭐 대단한 일이라고. 하물며 난 작은 병으로 한 병밖에 안 마셨다고.

북유럽 아가씨들은 친절하고 상냥하더라. 당신도 전에 그렇게 칭찬하지 않았나?

가출한 아내에게

답장 고마워! 정말정말 뜻밖이었어.

호세

싼마오

기쁜 소식 하나 알려 줄게. 옆집 캐럴이 페인트칠을 하고 있기에 내가 건너가서 도와줬거든. 그랬더니 캐럴이 내게 영어를 가르쳐 주겠다잖아. 그래서 배우고 있어. 나는 영어가 참 좋아. 캐럴이 가끔 밥도 해줘. 당신도 알지, 혼자 밥 먹는 게 얼마나 쓸쓸한지. 캐럴은 당신이 가버린 뒤에 새로 이사 온 영국 아가씨야.

당신이 타이완에 더 있고 싶은 생각이면, 뭐 나도 대체로 동의해. 몇 달은 더 견딜 수 있으니까.

어제는 테니스를 치러 갔어. 날씨가 벌써 더워졌네.

호세

싼마오

당신 진짜 오해하고 있어. 캐럴은 순전히 좋은 뜻으로 나한테 영어를 가르쳐 주는 거라고. 은혜를 원수로 갚을 수는 없잖아. 캐럴이 나쁜 여자라니 그건 완전히 근거 없는 억지 같은데. 캐럴은 정말 사근사근하고 요리도 잘해. 나쁜 여자 아니야.

　맞다, 내가 캐럴하고 테니스 친 걸 어떻게 알았어? 얘기한 적 없는데!

　난 여기서 아주 잘 지내. 천천히 돌아와!

호세

　싼마오

　게리가 죽고 나서 그 집이 비었잖아. 집주인이 우리한테 빌려주겠대. 지금 우리 집보다 큰데 천 페세타만 더 내면 된다네. 그래서 내일 이사하기로 했어.

　내가 집안일 못한다고 걱정할 것 없어. 지금 캐럴이 커튼 다는 걸 도와주고 있거든. 서둘러 오지 않아도 돼.

　요즘 편지가 부쩍 많아졌네. 웬일이래?

호세

　싼마오

　당신 이제 보니 정말 양심도 없는 사람이구나. 당신이 캐럴에게 보낸 편지는 뜯지 않고 바로 전해 줬는데, 캐럴이 보더니 미치도록 억울해하더라. 욕이란 욕은 있는 대로 다 먹었대. 당신 새 집에 와서 커튼을 달지 말라고? 그렇지만 캐

가출한 아내에게

럴은 정말 성심성의껏 날 도와줘. 꼭 자기 집 꾸미듯 열심이야. 왜 그리 속이 좁아?

남녀 사이에도 우정이 존재하는 거야. 당신은 캐럴을 이웃집 여자라고 했지. 『플레이보이』 속 누드 미녀 같은 이웃집 여자라고, 그러니까 다시는 만나지 말라고. 너무 터무니없는 논리 아냐?

어제 저녁은 산꼭대기 식당에서 먹었어. 끝내주더라.

당신은? 뭐 하고 있어?

호세

싼마오

한꺼번에 편지 열 통을 보내다니 너무 심한 거 아냐? 아버님 우표를 그렇게 함부로 쓰다니. 도대체 뭣 때문에 그렇게 난리를 치는지 알 수가 없네. 난 여기서 아주 평온하게 지내는데.

새 집은 거의 다 꾸며 놨고 이제 화초만 사다 심으면 돼. 캐럴이 그러는데 창턱에 선인장을 주르륵 올려놓으면 좀도둑을 막을 수 있대. 난 덩굴 식물이 맘에 들어서 아직 결정은 안 했어. 꽃집에서 못 사면 우리가 산에 가서 캐 오려고. 간김에 야영도 하고.

호세

싼마오

캐럴 머리통을 부숴 버리겠다니, 내가 얼마나 놀랐는 줄 알아? 캐럴은 아주 똑똑한 아가씨야. 머리를 때리면 안 되지. 게다가 왜 당신 대신 당신 남편을 보살펴 주는 사람에게 고마워하지도 않아?

우리는 산에 가서 화초를 캐다가 심으려는 것뿐이야. 별일도 아닌데 길길이 날뛰긴.

게리는 당신 친구였고 지금 내가 게리 집에 사니까 게리의 유령이 당신을 도와 날 감시할 거라고? 그건 또 어디서 나온 괴담이야? 난 당신한테 미안한 일은 안 했어. 정말 황당하네, 어떻게 유령으로 날 겁줄 생각을 했을까?

캐럴이 이 말 좀 전해 달라네. 유령이 뭐가 무섭냐고.

잘 지내지?

호세

싼마오

내가 지난번 편지에 캐럴과 나를 '우리'라고 썼어? 전혀 몰랐어. 내 생각엔 당신이 너무 예민해져서 그런 게 잘 보이나 봐. 그게 무슨 죽을죄도 아니고 변명할 필요도 없다고 봐.

요즘 편지가 자꾸 와서 좀 귀찮네. 나는 당신이 뭐 하고 지

가출한 아내에게

내는지 하나도 모르는데 내가 뭐 하는지는 시시콜콜 보고하라고? 그건 불공평하지.

나는 잘 지내. 당신은?

호세

싼마오

편지 쓰기 싫으면 쓰지 마. 이해해. 난 다음 주에 섬 북쪽으로 가서 일주일간 휴가를 보낼 거야. 당신이 편지 보내도 어차피 못 받아.

요새 더워져서 수영하기 딱이지. 캐럴이 그러는데 타이완에도 좋은 해수욕장이 많다며. 책에서 봤나 봐. 우리는 여기서 아주 잘 지내. 당신도 수영하러 갔어?

호세

싼마오

여행에서 돌아오자마자 당신 전보를 봤어. 갑자기 집에 오기로 했다니 놀랍고도 기쁠 따름이야. 전에 내가 그렇게 애걸복걸할 때는 아랑곳하지 않더니 이제 스스로 돌아오겠다는 거야?

아무튼 나는 너무너무 좋아서 미친놈처럼 꽥꽥거릴 뻔했

어. 그동안 달걀만 먹고 사느라 미치기 일보 직전이야. 그런데 이 인정머리 없는 인간은 내가 어찌 지내는지는 안중에도 없고. 물론 나도 가출한 아내를 돌아오게 만들기가 쉽지 않다는 건 알아. 게다가 당신이 가버린 이유는 화나서가 아니라 고향에 가서 쉬려고 했던 거니 더더욱 희망이 없었지. 타이완은 놀기에는 아주 그만이라며.

당신이 달아나 버리자 나는 당신을 사랑으로 감동시키려 했어. 그러면 당신이 눈물을 흘리며 내 품으로 돌아와 다시 바가지 긁는 마누라가 되어 줄 줄 알았거든. 하지만 그 방법은 틀렸더라고. 당신은 날 거의 잊은 데다가 내 편지는 거들떠보지도 않았지.

그런데 그날 칼이 와서 해준 말이 있어. 당신네 중국의 공자님 말씀이래. 무릇 여자와 소인은 다루기 어렵다, 잘해 주면 버릇없이 굴고 멀리하면 원망이 끊이지 않는다나.

그 말을 듣고 곰곰이 생각해 봤어. 과연 당신은 공자님이 말씀하신 그런 사람이었어. 그래서 내가 옆집 캐럴 이야기를 꾸며낸 거야. 자극 요법을 써서 돌아오게 만들려고. 지금 그 효과가 충분히 입증됐지. 얼마나 기쁜지 몰라.

유일한 걱정은 당신이 편지에 쓴 내 해명을 못 믿을지도 모른다는 거야. 내가 진짜 캐럴하고 어울리고 휴가도 같이

가출한 아내에게

갔다고 생각할까 봐. 사실 캐럴이란 여자는 어디에도 없어!

당신을 돌아오게 만들려니 이런 방법으로 속일 수밖에 없었어. 군자가 할 짓은 확실히 아니지만 이 방법이 아니었으면 당신은 계속 날 무시했을 테니까!

전보에다 이렇게 썼지? 사생결단하러 가겠다고. 환영이야.

새 집 커튼은 아직 못 달았어. 화초도 아직이고. 다 당신 손길만 기다리고 있어.

아버님 어머님께 말씀드려 줘. 나는 이미 사명을 완수했다고, 당신을 꾀어 돌아오게 만들었다고. 그런데 당신이 이 모든 얘기를 사실이라고 믿는다면 아프리카로 돌아올 생각이 사라질지도 모르겠네. 내가 다 이실직고했으니 또 마음 푹 놓고 날 끝장내러 올 생각은 접는 거 아냐?

진짜 그렇게 되어도 뭐 나쁠 건 없지. 난 이제 캐럴이랑 잠수하러 갈 거거든!

돌아올래, 말래?

　　　　　　　포옹을 보내며, 당신의 충실한 남편 호세

나의 가정생활

작년에 사막의 전쟁 통을 빠져나온 호세와 나는 가장 먼저 전신국으로 허둥지둥 달려갔다. 그리고 시부모님께 국제전화를 걸어 우리의 무사함을 알렸다.

"어머니, 저 싼마오예요. 저희는 벌써 사막에서 나왔어요. 많이 놀라셨죠?"

나는 전화로 시어머니께 기분 좋게 소식을 전했다.

"……안 놀라시네? 뭐라고요? 아버지께 여쭤 보세요. 어머니는 뉴스 안 보세요? 네, 사막에 있는 거 아니에요. 지금 사막 건너편인데…… 어떻게 된 거냐면……."

수화기를 넘겨받은 호세는 한참을 통화하고 나서야 전화를 끊고 밖으로 나왔다.

"어머니는 아무것도 모르시네. 내 얘기를 듣고 이제야 걱정이 되시나 봐."

"모로코 사람들이 날마다 사하라로 진군하는 게 톱뉴스인데도?"

"어떡하지, 엄청 놀라셨어."

호세가 또 한마디 했다.

"다 지나간 일인데 이제 와서 놀라시긴. 집도 잃고 일자리도 잃었지만 사람은 무사하잖아. 걱정 안 해서도 돼."

이튿날 우리는 가구가 딸린 작고 예쁜 집을 구한 다음 또 곧바로 마드리드로 장거리 전화를 걸었다.

호세가 전화기에 대고 소리쳤다.

"아버지, 저희 새 주소예요. 받아 적으세요. 바닷가에 있어요. 네, 잠시 머무는 거예요. 스페인으로는 안 돌아가요. 네, 어머니께 걱정 말라고 전해 주세요. 경치가 정말 좋아요. 어머니 놀러 오시면 되겠다. 미리 연락하고 오시면 돼요. 네, 한 2천 킬로미터 될걸요. 조지 매형이 어딘지 알아요. 지도 한번 보세요. 네, 알았어요. 좋죠……."

호세가 통화하는 동안 나는 한쪽에서 조용히 귀를 기울이며 불투명한 유리에 손가락으로 글씨를 끼적이고 있었다. 호세가 전화를 끊고 나오자 나는 손가락을 떼고 돌아갈 채비를 했다.

"어어, 싼마오, 유리에 웬 '돈' 자를 그리 수도 없이 써놨어?"

호세는 휘둥그레진 눈으로 내가 써놓은 글자를 바라보았다. 꽤나 신기한 모양이었다.

"동서양의 차이가 바로 이거야. 하!"

나는 탄식했다.

"중국 부모님은 전화로든 편지로든 주구장창 물으시거든. 너희 가진 돈은 충분하니? 쓸 돈 있어? 너무 아끼고 살지 마라, 부모 속일 생각은 말고…… 그런데 당신 부모님은 우리가 어떻게 지내는지 한 번도 물어보신 적이 없잖아? 사막에서 피난 나온 얘기도 한 마디도 안 꺼내시고."

이런 말을 하고 나니 내가 참 품위 없게 느껴졌다. 나는 입을 다물었다. 그만 구시렁거리자.

그즈음 우리는 모든 저축을 마드리드 아파트에 쏟아 부은 상황이었다. 할부금 때문에 쪼들려 죽을 지경이라 수중에는 한 푼도 없었다. 게다가 급히 떠나오느라 일자리까지 잃고 말았다.

새 집에서 지낸 지 열흘이 안 되었을 때였다. 불현듯 어떤 텔레파시 같은 게 느껴졌다. 우리는 또다시 마드리드 시부모님께 전화를 걸러 나갔다.

"뭐 딱히 할 말이 있나?"

호세는 수화기를 든 채 여전히 머뭇거렸다.

"아무 말이나 해. 별일 없어도 전화 드리면 좋아하실 거야."

"그럼 당신이 먼저 통화해. 나는 가서 신문이나 사 올게."

호세가 나가자 나는 다이얼을 돌리며 이런 생각을 했다. 타이완으로 전화하는 것도 마드리드에 전화하는 것처럼 싸고 편리하면 얼마나 좋을까!

"여보세요."

수화기 너머에서 애교 넘치는 목소리가 들려왔다.

"막내구나, 난데……."

"새언니…… 아!"

막내 시누이 목소리가 날카로워졌다.

"어머니하고 통화하고 싶은데 좀 바꿔……."

"뭐 하러요! 오후면 도착하실 텐데 얼굴 보고 얘기하세요. 부러워 죽겠네. 나만 쏙 빼놓고 가셨지 뭐예요."

이게 무슨 아닌 밤중에 홍두깨인가. 머릿속에서 쿵 소리가 나면서 하마터면 정신줄을 놓을 뻔했다.

"그러니까 어머니께서 이리로 오신다고?"

"어라? 아침 일찍 전보 쳤는데 아직 못 받았어요? 지금 막

나가셨어요. 열두 시 비행기니까 도착하면 세 시 반일 텐데 한 시간 시차가 있으니까……."

전화기 너머에서 막내 시누이가 끊임없이 조잘거렸다. 고개를 쑥 뽑아 호세를 찾아보니 기둥에 기대서서 신문을 보고 있었다.

"호세, 빨리 와 봐. 어머니가……."

내가 소리를 질렀다.

"어머니가 왜?"

호세가 전화기 옆으로 후다닥 뛰어왔다.

"어머니가 오신대, 어머니가, 지금……."

나는 허둥지둥 전화를 끊고는 호세를 붙잡고 횡설수설했다.

"이야! 어머니가 오신다!"

호세는 갑자기 만화 주인공처럼 환호성을 질렀다. 천진난만한 웃음이 얼굴에 가득 퍼졌다.

"이건 기습이야, 말도 안 돼!"

나는 얼굴빛이 어두워졌다.

"뭐가 말도 안 돼? 어라! 이 사람 참 이상하네."

"나한테 미리 기별도 없이, 이러면 내가 얼마나 놀라겠어. 마음의 준비가 하나도 안 됐는데, 난……."

"아침에 전보 치셨다잖아. 지금쯤 집에 와 있겠네. 그런데 당신, 왜 그렇게 기분 나빠 보이지?"

"하, 싸우지 말자고. 호세, 우리 돈이 얼마나 있지?"

나는 바짝 긴장하고 강적에 맞설 태세를 취했다.

"2만 페세타쯤. 그리고 아파트 반 채."

"그걸로는 모자라. 아파트 얘기는 더 이상 꺼내지 말자. 회사에 가서 돈 좀 빌려야겠다."

나는 호세를 잡아끌고 차에 올랐다.

인산 회사가 카나리아 제도에 마련한 멋들어진 사무실에서 나는 굽신거리며 나지막이 사정했다.

"이달 치 월급을 못 받고 나왔는데요. 좀 일찍 받을 수 없나 해서요. 아직 정산 안 된 돈이 많아요. 퇴직금도 받아야 하고요. 5만 페세타만 가불 부탁드릴게요."

가불 서류를 작성하는 호세 얼굴이 시뻘겠다. 나는 아랫입술을 꽉 깨물며 서명을 재촉했다.

"싼마오, 이렇게까지 해야 돼? 2만 페세타면 충분하잖아."

"하나도 안 충분해. 어머니는 평생 고생만 하신 분이야. 우리 집에서 휴가를 보내신다는데 편히 모셔야지."

받은 돈을 잘 세어 보았다. 시어머니가 우리에게 날아오는 중이지만 우리는 장을 보러 날아가야 했다.

"카트가 꽉 찼네. 호세, 가서 작은 거 하나 더 끌고 와."

"싼마오, 당신…… 이거 다 평소에 우리는 먹어 보지도 못한 거잖아! 너무 비싸."

"평소에는 못 먹지. 지금은 전시 상황이야. 먹어야 돼."

성심성의껏 장을 보면서도 시어머니 방문을 전쟁 난 것처럼 표현하자 호세는 의미심장한 눈으로 나를 노려보았다.

대단하신 시어머니. 모습을 드러내기도 전에 기척만으로 우리 부부를 남북 대치 상황으로 몰아넣다니.

"호세, 저쪽 선반에서 샴페인 몇 병 가져와. 초콜릿은 안에 술이 든 걸로 바꿔 오고 달팽이 통조림도 몇 개 집어 와. 딸기는 담았나? 난 크림 찾으러 간다."

"싼마오!"

호세 눈이 휘둥그레졌다. 이 사람이 갑자기 미쳤나 하는 표정이었다.

"빨리빨리, 시간 없어."

집으로 오면서도 호세를 죽일 듯이 닦달했다. 초조한 나머지 울음이 터질 것만 같았다.

"미쳤어? 돌았어? 어머니 오시는 게 그렇게 긴장할 일이야?"

호세가 버럭 소리를 지르며 내 스트레스를 가중시켰다.

"빨리 가자는 이유가 있어!"

나도 맞받아 고함을 질렀다.

드디어 집에 도착했다.

"장 본 것 좀 들여놔. 고기는 냉동실에 넣고. 나 먼저 들어간다."

호세에게 일러두고 혼자 번개처럼 집으로 뛰어들었다.

호세가 커다란 상자 두 개를 낑낑 안고 들어올 때 나는 이미 욕조에 들어가 맨발로 침대보를 빨고 있었다.

"싼마오, 진짜 미친 거야?"

"어머니가 제일 신경 쓰시는 게 침대보야. 우리 침대를 내드릴 텐데 깨끗이 빨아 놔야 돼."

"한 시간 만에 마를 리가 없잖아!"

"밤에 주무시기 전에는 마르겠지. 일단 이불이라도 깔아 놔야겠다. 설마 검사까진 안 하시겠지. 아! 빗자루 가져와. 대청소해야 돼."

"집은 아주아주 깨끗해. 싼마오, 앉아서 좀 쉬는 게 어때?"

"어머니께 꼬투리 잡힐 순 없어. 빨리 가서 청소해."

나는 호세에게 으르렁거리며 미친 듯이 침대보를 짓밟았다.

혼신의 힘을 다해 침대보를 빠는데 머릿속에서 시누이 말소리가 메아리쳤다. '지금 막 나가셨어요. 지금 막…… 지

금…….' 이런 말도 맴돌았다. '나만 쏙 빼놓고 가셨지 뭐예요…… 나만 쏙 빼놓고…… 나만 쏙…….'

침대보를 휙 쳐들다가 나는 그대로 굳어 버렸다. 비눗물이 팔을 타고 흘러내렸다. 어머니가 막내 시누이를 빼놓았다는 것은 다른 사람을 데리고 온다는 뜻이다. 다른 사람을 데려온다니 누굴까? 누구지?

"호세, 빨리 와 봐, 큰일 났어!"

나는 고개를 내밀고 큰 소리로 불렀다. 호세가 빗자루를 끌고 부리나케 달려왔다.

"허리 삐었어? 그러니까 빨지 말랬……."

"아니야, 빨리 생각해 봐, 어머니가 누구랑 같이 오실까? 누구지?"

나는 덮치다시피 호세를 붙들고 마구 흔들어 댔다.

"모르지."

호세가 느릿느릿 말했다.

"어떡하면 좋아? 몇 명이나 오는 거야?"

"싼마오, 도대체 왜 이래? 몇 명이나 오냐니? 그래 봤자 다 우리 가족이야."

호세가 차갑게 말했다. 내 앞에 선 호세는 낯선 사람으로 돌변해 있었다.

"그치만 이건 기습이잖아. 피난 나온 지 열흘밖에 안 됐고 집도 이제 겨우 정리됐어. 살림살이도 몽땅 버리고 온 데다가 돈도 별로 없다고. 난 아직 기력이 제대로 안 돌아왔어. 환영하지 않는다는 게 아냐. 나는, 나는……."

"그러니까 당신 얘기는, 어머니가 아들 집에 처음 오시는데도 당신 기분 좋을 때에 맞춰야 한다는 거야?"

"호세, 그런 뜻 아니라는 거 알잖아. 어머니께 좋은 인상을 드리고 싶을 뿐이야. 처음에 어머니가 우리 결혼을 어떻게 반대하셨는지 생각 안 나?"

"지나간 일은 왜 또 끄집어내? 다른 건 잘도 까먹는 사람이 그 일은 어찌 그리 똑똑히 기억하시나?"

나는 호세를 노려보고는 축축한 침대보를 하나씩 갖다 널었다. 우리는 서로 입을 꾹 닫아 버렸다.

사실은 시어머니의 갑작스러운 방문에 내가 어떤 심정인지 감히 분석하고 싶지 않았다. 도둑이 제 발 저린다고나 할까, 내 얼굴빛은 대단히 어두웠다.

즐거워야 마땅한 일이지만 공항으로 시어머니를 맞으러 가는 내내 우리는 한 마디도 하지 않았다. 고속도로의 하얀 선이 눈앞으로 날아드는 것만 바라볼 뿐이었다.

공항에 들어서자 안내 방송이 흘러나왔다.

"마드리드발 이베리아 항공 ○○편 탑승객께서는 7번 수하물 수취대에서 짐을 찾아 가시기 바랍니다."

나는 잽싸게 커다란 유리문 앞으로 다가가서 이리저리 두리번거렸다. 그러다 시어머니의 우아하고 아름다운 얼굴과 딱 마주치자 나는 유리를 두드리며 소리쳤다.

"어머니! 어머니! 저희들 나와 있어요."

시어머니는 얼른 밖으로 나와 얼굴 가득 미소를 띠며 나를 끌어안았다.

"우리 아들은?"

"주차하고 있어요. 금방 올 거예요. 어머니 짐은요? 제가 가져올게요."

"아! 아니다. 둘째네가 가져올 거야."

나는 황급히 유리문 안을 들여다보았다. 체크무늬 셔츠를 입은 둘째 시누이의 남편과 노란 머리 남자 아이가 보였다. 눈을 한번 깜빡이니 이번에는 모피를 두른 둘째 시누이와 빨간 모자를 쓴 여자 아이가 보였다. 나는 심호흡을 하고는 돌아서서 시어머니에게 방긋 웃어 보였다. 시어머니도 더없이 달콤한 미소로 화답했다.

이들 천하무적 군대가 강림하자 호세는 기뻐 날뛰며 이리저리 끌어안았다. 그리고 다 같이 출구 쪽으로 걸어갔다. 시어머니의 트렁크를 끌며 뒤따르던 나는 그제야 깨달았다. 평소 호세가 가족의 따뜻한 정에 얼마나 목말라 있었는지! 아내로서 줄 수 있는 것은 사실 너무나 보잘것없었다.

집에 도착하자 다들 짐을 풀고 옷을 걸었다.

"이렇게 예쁜 집에 살면서 초대 한번 안 해? 정말 못됐네. 우리가 낯이 두꺼워서 다행이야, 이렇게 알아서 달려왔잖아."

둘째 시누이가 나에게 말했다.

"저희도 여기 온 지 열흘밖에 안 됐어요. 집도 막 구한 거예요."

옷걸이를 들고 거실로 가는데 호세가 소리쳐 불렀다.

"여보, 뭐 하고 있어! 안주 내와야지! 거하게 차려 와, 매형은 안주 없이는 술을 못 드셔."

부랴부랴 냉장고에서 음식을 꺼내 차리는데 뒤에서 시어머니 목소리가 들려왔다.

"아가, 내 침대에 왜 침대보가 없니? 줘라, 내가 깔 테니."

"어머니, 저녁에 제가 깔아 드릴게요. 지금 빨아 놨는데 아직 덜 말랐어요."

"그래도 난 침대보 없이는……."

"엄마, 그만 좀 투덜거려요."

둘째 시누이가 노란 머리 조카놈을 옆구리에 낀 채 바지 하나를 들고 성큼성큼 다가왔다.

"싼마오, 더운물 좀 부탁해. 다비드가 설사를 잔뜩 해놔서 좀 씻겨야겠어. 이 바지는 세탁기에 좀 돌려 주고. 고마워!"

우리에게 세탁기가 없다는 사실을 시누이가 알 턱이 없지. 나는 더러운 바지를 받아 들고 서둘러 마당 수돗가로 달려가 물을 틀었다.

거실로 통하는 문에서 시누이 남편이 손뼉 치는 소리가 들려왔다.

"처남댁, 우리 안주는요?"

"아, 깜빡했네. 금방 내갈게요."

얼른 손을 씻고 집에 들어가 안주를 챙겨 나오는데 호세가 나를 씹는 소리가 귀에 들어왔다.

"싼마오는 다 좋은데, 건망증이 있고 좀 둔하다니까요."

나는 다시 수도꼭지 앞으로 돌아와 조카 녀석 바지를 빨았다. 빨간 모자를 쓴 조카딸이 옆에 와서 쪼그리고 앉더니 내 머리카락을 힘껏 잡아당기며 말했다.

"나 초콜릿 먹고 싶어."

"그래. 외삼촌한테 가서 달라고 해, 착하지? 외숙모는 지금 바쁘단다, 옳지!"

나는 웃으며 아이 손에서 머리카락을 빼냈다. 바지를 들고

나의 가정생활

널러 가는데 시어머니가 창가에 서서 나를 지켜보고 있었다.

"어머니, 좀 쉬세요! 비행기 타시느라 피곤하실 텐데."

"피곤하고말고. 그런데 난 침대보 위에서 자고 싶구나, 이불 위가 아니라."

허둥지둥 집으로 뛰어드니 호세와 시누이 남편이 여유롭게 노닥거리고 있었다.

"호세, 나가서 침대보 좀 사 올래? 제발 부탁이야."

호세는 나를 거들떠보지도 않았다.

"호세, 제발."

애걸하다시피 매달리자 호세는 그제야 고개를 들었다.

"왜 나더러 침대보를 사 오라는 건데?"

"모자라. 집에 침대보가 모자라."

"그런 건 여자가 챙겨야지."

호세는 또다시 매형과 수다를 떨기 시작했다. 나는 풀이 죽어 그냥 나와 버렸다.

"외숙모, 나 초콜릿."

빨간 모자가 또 나를 잡아끌었다.

"그래, 착하지. 초콜릿 먹으러 가자. 따라오세요."

나는 아이 손을 잡고 부엌으로 갔다.

"나 이런 거 싫은데. 속에 아몬드 있는 거 먹을래."

아이는 잔뜩 실망한 눈으로 나를 쳐다보았다.

"이것도 맛있어. 한번 먹어 보렴."

나는 아이 입속에 하나를 넣어 주고 밖으로 나왔다.

"싼마오, 땀띠분 좀!"

둘째 시누이가 침실에서 부르는 소리에 서둘러 달려갔다.

"없는데요, 형님. 나가서 사 올 테니 조금만 기다려 주시겠어요?"

"지금 바로 발라 줘야 되는데."

둘째 시누이가 입술을 꼭 깨물며 천천히 말했다.

나는 다시 거실로 나가서 호세를 흔들었다.

"응! 한 번만 나갔다 와, 제발. 어머니 침대보, 다비드 땀띠분."

"싼마오, 나 방금 전까지 운전하고 온 사람이야. 그런데 또 내보내게?"

호세가 눈을 부라렸다. 찰거머리 보듯 진절머리 치는 눈빛으로.

"그럼 당신을 보내야지, 누굴 보내?"

내 표정이 확 굳었다.

"아하! 이런 걸 잉꼬부부라고 하는구나? 그죠!"

대뜸 놀려대는 시누이 남편.

딱딱하게 굳은 표정으로 부엌으로 가는데 때마침 시어머니가 초콜릿 상자를 손에 들고 수선을 떨며 나왔다. 나는 어쩔 수 없이 재빨리 웃는 얼굴을 했다.

"세상에! 데비가 그러는데 글쎄 싼마오가 이걸 먹으라고 줬단다. 술이 든 초콜릿을 어떻게 애한테 준다니, 벌써 반이나 먹어 치웠어. 안젤라, 빨리 나와 봐! 데비가……."

"내 그럴 줄 알았다. 요 녀석, 네가 뭔들 맛이 없겠니, 이리 오지 못해……."

방에서 뛰쳐나온 둘째 시누이가 아이를 붙잡고 야단을 쳤다. 아이는 입가에 초콜릿 범벅을 한 채 손가락으로 나를 가리켰다.

"외숙모가 먹으랬어."

"싼마오, 어린애는 알코올 들어간 과자 못 먹는 거 몰라? 지금은 당신 어릴 때랑 달라서……."

호세마저 짜증스러운 훈계를 늘어놓기 시작했다.

나는 거실 한복판에 서서 쏟아지는 질책의 눈초리를 받아냈다. 이 곤경을 어떻게 벗어나야 할까. 기껏 이런 말밖에 할 수가 없었다.

"어린이가 못 먹으면 우리가 먹어요! 어머니도 하나 맛보실래요?"

갑자기 들이닥친 혼란에 긴장한 나는 갈팡질팡 어쩔 줄을 몰랐다.

1년을 못 보다 한자리에 모인 가족이건만 호세와 시누이 남편이 잠수 이야기를 했을 뿐이었다. 이별 후의 상황에 대해 차분하게 이야기 나눌 시간은 없었다.

호세가 침대보를 사러 가는 김에 다 같이 차를 타고 시내 구경에 나서기로 했다. 설사하는 세 살배기 다비드와 나만 남겨 놓고.

"로켓 어디 있어?"

다비드가 말똥말똥 나를 보며 물었다.

"다비드, 착하지. 외숙모는 로켓이 없단다. 마당에 나가서 달팽이 잡을까?"

"아빠가 외숙모한테 로켓 있다고 했어. 로켓 내놔."

"그 대신 외숙모가 젓가락으로 로켓 만들어 줄게. 자, 잘 봐. 고무줄로 묶으니까 젓가락 한 짝이 슙 나가지? 봐봐, 로켓 같지 않아?"

"아냐, 아냐, 이거 말고…… 우왕, 우와앙……."

젓가락은 벽에 내동댕이쳐졌다.

"울지 말고, 그러면 변신 마술이다. 얍! 봐봐, 고무줄이 가운뎃손가락에서 새끼손가락으로 휙 넘어가지? 후 불어 봐, 다시

숙 넘어오네."

"그런 거 말고, 로켓 내놔……."

나는 한숨을 푹 쉬고 몸을 일으켰다. 이제 저녁밥을 지어야 했다. 요리 네 가지에 탕 하나로 간소하게 하자. 이것저것 다 듬고 썰고 지지고 볶아야겠군. 후식은 푸딩이 그나마 간편하겠지. 식탁보랑 냅킨을 꺼내 놔야겠고 의자도 모자라네. 옆집에서 얼른 빌려 오자. 포크랑 나이프도 어머니 오시기 전에 반짝반짝 닦아 놓고. 접시는 안 모자라나? 술은 냉장고에 충분히 넣어 놨던가? 시매부는 포도주를 마시려나, 위스키를 마시려나? 호세는 맥주면 되고. 애들은 콜라를 줘, 오렌지주스를 줘? 어머니는 광천수를 찾으시겠지. 잔이 다 제각각이겠네. 제대로 있나 봐야겠어. 얼음은 아직 안 얼었겠고. 밥은 흰밥을 할까, 볶음밥을 할까? 죽순 말고 딴 걸로 탕을 할까? 어머니가 죽순을 드실 수 있나 몰라? 저녁은 너무 기름지게 하지 말자. 다비드가 설사하니까. 토스트도 구워야 하나?

이런 생각에 빠져 있는데 울던 아이가 웬일인지 잠잠했다. 얼른 나가 보니 다비드는 꼼짝 않고 얌전히 앉아 있었다. 후다닥 뛰어가 일으켜 세워 보니 한바탕 설사를 해서 몸이고 바닥이고 똥 범벅을 만들어 놓았다.

"요 녀석아, 왜 안 불렀어? 화장실 가고 싶으면 외숙모 부르라고, 소리를 지르라고 누누이 말했잖니. 얼른 가서 씻자."

대강 씻기고 났는데 아무리 찾아도 갈아입힐 바지가 보이지 않았다. 할 수 없이 아이를 담요로 감싸서 침대에 올려놓고는 얼른 가서 불을 끄고 바지를 빨고 더러워진 카펫을 비눗물로 닦기 시작했다. 한창 카펫에 매달려 있는데 나갔던 무리가 돌아왔다.

"아이고, 배고파라. 싼마오, 밥 먹자!"

어쩌면 이렇게 숨 돌릴 틈도 안 주지?

"네, 금방 할게요."

나는 카펫은 내버려 두고 밥을 하러 갔다. 호세가 슬그머니 다가오더니 배려하듯 말했다.

"너무 많이 하지 마. 다 못 먹어."

"많이 안 해!"

나는 웃어 보였다.

"맙소사! 누가 널 이렇게 차디찬 바닥에 세워 놨니, 궁둥이는 다 내놓고. 요놈아, 그러다 꽁꽁 얼어! 바지는? 방금 갈아입은 바지 어쨌어……."

둘째 시누이가 또 바락바락 소리를 지르기 시작했다.

"호세, 당신이 가서 좀 말해. 애가 설사를 해놔서 내가 바지 벗겨 빤 거야. 방금 전에 담요로 싸서 침대에 올려놨는데 혼자 내려왔나 봐."

"그러게 쟤는 아직 엄마가 아니라서 애를 볼 줄 모른다니까. 쌴마오한테 뭐라 하지 마라, 다비드를 안 데려간 네 탓이야."

"설사하는 애를 어떻게 데려가요? 집에 놔두고 가는 게 당연하지. 올케가 뭘 몰라도 너무 모른다고요."

시누이와 시어머니가 또 옥신각신 떠들기 시작했다. 나쁜 뜻이 없으니 내가 듣든 말든 신경 안 쓰는 거겠지. 나는 그저 웃으며 저녁밥을 지었다.

저녁 식사 시간은 유쾌하게 흘러갔다. 내 요리를 놓고 투덜거리는 사람은 아무도 없었다. 그도 그럴 것이 모조리 중국요리였고 중국요리는 다들 잘 몰랐으니까. 촛불 아래 화기애애하게 밥을 먹는 이 순간만큼은 나도 따뜻한 가족애를 흠뻑 맛보고 있었다.

식사를 마치자 온 가족이 차례차례 목욕을 했다. 나는 호세와 내가 다음 날 입으려던 옷가지를 모두 꺼내 주었다. 침대는 세 개뿐이었지만 서로 다투거나 사양하는 일 없이 척척 분배되었다. 시누이 부부는 이미 우리 방에 짐을 다 풀어 놓았고 어머니는 혼자 다른 방을 차지했으니까. 데비는 소파에서, 호세와 나는 바닥에서 자게 됐다.

바닥에 깐 이부자리에 들어가 눕는데 가만히 한숨이 나왔다. 겨우 반나절을 보내고 이토록 지치다니.

"호세, 침대보가 몽땅 브랜드 제품이던데. 얼마어치야?"

"8천 페세타."

나는 어둠 속에서 가만히 호세를 바라보며 나직이 말했다.

"내가 토산품도 있다고 했잖아? 한 장에 300페세타면 사는데."

아무 대답이 없었다. 내가 또 말했다.

"그 침대보는 앞으로 우리가 쓰지도 않을 거 아냐."

"어머니가 쓰다가 가져가신대. 마음에 드신다고."

"어머니 장롱에 화려한 침대보가 한 가득이던데 도대체 왜……."

"싼마오, 자자! 쪼잔하게 굴지 말고 잠이나 자!"

나도 내가 옹졸하다는 건 잘 알았다. 아무튼 입이 화근이 될 수 있는지라 받아치지 않고 그냥 입을 다물었다.

잠결에 누가 내 머리를 툭툭 쳤다. 깜짝 놀라 몸을 일으켜 보니 다비드가 훌쩍이며 내 앞에 서 있었다.

"화장실 갈래, 이잉……."

"뭐라고?"

졸려 죽을 지경이었지만 기다시피 비틀비틀 아이를 화장실로 데려갔다.

"엄마는?"

조용히 물었다.

"쿨쿨 자."

"그래, 착하지, 다시 가서 자자."

나는 아이를 방문 앞으로 데려가 가만히 밀어 넣었다.

"나 목말라."

이번에는 빨간 모자가 소파에서 일어났다.

"빨간 모자구나, 할머니한테 좀 가지. 이리 와, 물 마시러 가자. 화장실도 갈래?"

두 아이 치다꺼리를 하고 나니 잠이 확 깼다. 창밖을 보니 붉은 해가 바다 위로 얼굴을 쑥 내밀고 있었다.

살금살금 일어나 커피를 끓이고 버터, 잼, 치즈를 꺼내 놓았다. 커피 잔도 식탁에 가지런히 올리고 설탕과 우유까지 차려 놓았다. 다시 자려고 눕는데 시어머니가 일어났다.

"어머니, 안녕히 주무셨어요! 날이 차요. 옷 두둑이 입으세요."

시어머니가 화장실 간 사이에 얼른 방에 들어가 침대를 정리하고, 데비도 일어나기에 옷을 갈아입혀 주었다.

"가서 우유 마셔. 이불은 외숙모가 정리해 줄게."

"왜 이리 시끄러워, 아으!"

바닥에 눌어붙어 있던 호세가 뒤척이더니 다시 잠들었다.

"우유 말고 코코아 마실래."

"그렇구나, 그럼 토스트 먼저 먹자. 코코아 타 줄게."

"토스트 먹기 싫은데. 집에서는 오트밀 먹는단 말이야."

"오트밀은 없는데. 내일 먹고 오늘은 토스트 먹자."

"싫어, 이잉, 안 먹어!"

빨간 모자가 울음을 터뜨렸다.

"으이그, 왜 또 소란이야! 데비, 동생 더 자야 되는 거 몰라?"

잠옷 바람으로 나온 둘째 시누이가 성난 눈으로 우리를 보더니 고개를 끄덕이며 내게 아침 인사를 건넸다.

시누이 남편도 일어났다.

"좋은 아침!"

보니까 호세도 눈을 떴기에 서둘러 이부자리를 정리하러 갔다.

바닥과 데비의 이부자리를 다 개고 나자 시어머니가 화장실에서 나왔다. 곧바로 시누이가 쏙 들어가 버렸다. 내 차례는 언제 올까.

"어머니, 커피 드실래요? 토스트도 구워 놨어요."

"아가, 서두를 것 없다. 나는 차 한 잔에 삶은 달걀 하나면 돼."

"호세, 이 노릇노릇한 토스트 좀 먹어치워 줄래?"

나의 가정생활

"헤헤, 남편 아침을 대충 넘길 생각은 마셔. 나는 햄에그와 오렌지주스."

차를 끓이고 달걀을 삶고 햄을 굽는데 방에서 다비드가 울기 시작했다. 나는 데비를 돌아보며 소리쳤다.

"귀염둥이 조카님, 가서 동생 좀 봐줄래? 엄마가 화장실 가셨네."

그러자 시어머니 분부가 떨어진다.

"네가 가서 봐줘라, 이제 깼나 보구나. 다른 사람은 싫어할 테니 네가 가봐."

다비드에게 가려는데 둘째 시누이가 화장실에서 소리친다.

"싼마오, 마당에 가서 바지 좀 걷어다 줘. 다비드가 갈아입을 바지가 없어서 침대에서 못 나오네."

부랴부랴 바지를 걷어 오니 찻물은 끓어 넘치고 햄에그는 타기 직전이다. 시어머니는 미소 띤 얼굴로 식탁 앞에 앉아만 있고.

"아주버님, 커피 드실래요?"

"아! 저는 맥주 한 캔에 작은 생선 한 마리면 됩니다!"

"생선이요?"

생선은 없다고!

"아무거나 괜찮습니다!"

"호세……"

가만히 호세를 부르는데 시어머니가 말한다.

"싼마오, 내 달걀이 너무 익었겠구나! 아직이니?"

달걀을 건지고 정어리 통조림을 따서 냄비에 부을 때 시누이가 흐트러진 머리로 부엌에 들어온다.

"싼마오, 다리미 어디 있어? 바지가 덜 말랐어!"

다리미를 찾아 주고 와서 시어머니 달걀과 시누이 남편 생선을 식탁에 올리는데 시누이가 또 소리친다.

"싼마오, 미안한데 다비드한테 오트밀 좀 끓여 줘. 나는 치즈 토스트 한 쪽 구워 주고. 내가 지금 시간이 없네."

"오트밀이요? 오트밀은 준비 못 했는데."

내가 조심스레 말한다.

"그런 간편식은 집에 늘 갖춰 놔야지. 초콜릿 같은 쓸데없는 것 말고. 됐다, 다비드한테는 비스킷이나 줘라."

시어머니가 말한다.

"비…… 비스킷도 없는데요."

"됐어! 토스트나 먹여."

시누이가 방에서 소리를 빽 지른다. 나는 토스트를 가지러 간다.

아침 식탁에서 호세와 시매부와 시어머니는 어디로 놀러

갈지 의논한다. 시누이가 말끔히 차려입은 아이를 옆구리에 끼고 밥을 먹으러 나타난다.

"싼마오, 다 먹었지? 가서 내 침대 좀 정리해 줘. 난 아직 밥도 못 먹고 화장도 못 했어! 요 녀석이 어찌나 보채는지."

시누이 부부가 잔 침대를 정리하고 나와 보니 다들 아침 식사를 마친 상태. 나는 얼른 그릇을 부엌으로 가져가 설거지를 한다.

"싼마오, 좀 서둘러. 다들 기다리잖아."

"날 기다려?"

나는 깜짝 놀란다.

"빨리빨리! 여자들이란."

"차가 너무 좁아. 난 빼놓고 가. 집에서 점심 준비나 할게."

"싼마오, 제멋대로 굴지 마. 어머니가 가라면 가는 거야."

"그러면 점심은 밖에서 먹는 거지?"

나는 간절히 묻는다.

"집에 와서 먹자꾸나. 좀 늦으면 어떠니?"

시어머니가 말한다.

"네, 그럼 양치하고 세수하고 올게요."

"싼마오, 아침 내내 뭐 한 거야. 지금껏 세수도 안 하고."

호세가 짜증스럽게 다그친다.

"바빴다고!"

나는 화를 꾹 참으며 말한다.

"바쁘긴 뭐가 바빠! 다들 제일 간단한 것만 먹고 애들은 오트밀도 못 먹었잖아. 어제 그렇게 마구 사댄 건 다 뭔지 모르겠네. 박스 두 개를 꽉 채웠는데 먹을 것도 없고."

"호세, 너무 갑자기 들이닥쳤잖아. 장 볼 때는 어머니만 오시는 줄 알았지 형님네까지 올 줄은 몰랐다고."

"가자고!"

호세는 내려가 차에 시동을 걸고 나는 점심때 먹을 고기를 녹이려고 서둘러 꺼내 놓는다. 밖에서 빵빵빵빵 경적이 울린다.

내려가서 뒷좌석에 끼어 앉는다. 신바람 난 사람들 틈에서 나만 홀로 멍해 있다. 창밖으로 휙휙 스쳐 지나가는 나무를 바라보며 이런 생각이 머릿속을 맴돈다. 왜 아무도 우리가 사막에서 빠져나온 상황을 물어보지 않는 걸까? 우리가 버리고 나온 집 얘기도 한 마디도 안 꺼내고. 시어머니는 호세에게 앞으로 무슨 일을 할 거냐고 전혀 묻지 않는다. 우리에게 마드리드로 돌아오라는 말은 더더욱 꺼내지 않는다. 시어머니는 마드리드에 집값 절반을 치른 아파트가 있다는 사실을 잘 안다. 하지만 수입이 전혀 없게 된 호세가 남은 할부금을 어떻게 낼 것인지는 들으려고도 물으려고도 하지 않는다. 시어머니와 시누이 부부가 온 지 하루가 지났다. 그들이 하는 얘기라곤 자기

네 일상, 자기들 요구사항, 앞으로의 휴가 계획뿐이다. 우리의 근심 걱정이 너무 빤히 보여서일까, 모자 사이인데도 함부로 묻지 않는다. 뭐 지극히 현명하고 교양 있는 행동이다. 이에 비하면 중국의 부모는 얼마나 어리석은가! 오로지 자식이 춥고 배고플까 걱정이요, 자신을 팔아서라도 도와주고 싶어 속을 태우지.

차를 몰고 산꼭대기까지 올라가 아이스크림을 먹고 다시 산에서 내려와 집으로 돌아오니 오후 1시. 나는 땀범벅이 되어 바삐 점심을 준비하는데 나머지 사람들은 저쪽에서 식전주와 안주를 먹고 있다.

점심을 다 차려 놓자 시어머니가 비평을 시작한다.

"오늘은 어째 음식이 어제보다 짜구나. 수프도 맹맹하고."

"그러게요. 너무 서둘렀나 봐요."

"그럴 거면 따라나서질 말지."

"내가 분명 안 간다고 했잖아. 호세 당신이 멋대로 행동하지 말라느니……."

"어허! 어머니 앞에서 싸우는 겁니까?"

시누이 남편이 버럭 소리를 지른다. 나는 입을 닫아 버린다.

식사가 끝나자 그릇을 치우고 또 부엌 구석구석까지 박박 닦는다. 반짝반짝하게 정리를 마치고 나니 어느새 4시 30분.

거실로 나가 의자에 앉으려는 순간 시어머니가 입을 연다.

"왔구나, 네가 손이 비기만 기다리고 있었단다. 자, 가서 케이크 만들자. 내가 가르쳐 주마."

"괜찮아요. 베이킹파우더도 없어요."

"얼마나 쉬운데. 가자, 올케. 차 타고 나가서 사 오지 뭐."

시누이가 신이 나서 나를 들쑤신다.

나는 호세를 돌아보며 애원하는 눈빛을 보내지만 호세는 입을 꾹 다문 채 나 몰라라. 나는 고개를 떨구고 차 열쇠를 집어 든다. 베이킹파우더 한 봉지를 위해 14킬로미터 운전이라, 효심을 앞세우지 않는다면 너무나도 비효율적인 일이 아닐 수 없다.

시어머니의 감독 아래 케이크가 완성된다. 이어 커피를 끓이고 잔을 내놓고 온 가족이 모여 앉아 오후 커피 타임을 즐긴다. 한바탕 먹고 마시자 다들 시내 구경을 나선다. 이것저것 사고 여기저기 구경하고 마드리드에 남은 가족에게 줄 선물까지 사고 나서 밤 10시 반이 넘어서야 집에 돌아온다. 나는 양다리를 구워 놓고 굶주린 무리를 기다리고 있다. 저녁을 다 먹자 각자 씻고 잠자리에 든다. 나는 어제처럼 바닥에서 자다가 어제처럼 한밤중에 두 번 깨어나 애들 치다꺼리를 한다.

닷새가 흘렀다. 그동안 날마다 새벽 6시에 일어나 침대를 정리하고 가지각색 아침을 준비했다. 모든 그릇을 깨끗이 설거지하고 나면 온 집 안을 청소했다. 그 다음엔 애들 옷, 어른 옷을 거둬다가 비눗물에 담가 놓고 점심에 먹을 찬거리를 꺼내 해동하고 다시 와서 빨래를 하고 내다 널었다. 그즈음이면 시어머니 무리는 모두 관광하러 나간 뒤였다. 젖은 옷이 마르는 동안 마른 옷을 다리고 다 다리면 각자 방에 갖다 걸어 놓고 점심을 만들었다. 네 가지 요리에 탕 하나, 애들을 위한 특별식까지. 밖에서 빵빵대는 소리가 나면 얼른 맞으러 나갔다. 찬 음료를 갖다 바치며 다들 편히 쉬게 하고, 점심 차려 먹이고 설거지를 했다. 이어 커피 타임을 준비하고 또 잔을 닦고 간식을 내주었다. 일동은 또다시 시내 나들이를 나갔다가 돌아와 저녁 먹고 목욕을 했다. 어머니 잠자리를 봐드리고 데비를 소파에 눕히고 내 이부자리까지 펴고 나면 끝. 열여섯 시간을 꼬박 서 있은 셈이었다.

"호세."

나는 한밤중에 살그머니 남편을 불렀다.

"응?"

"얼마나 계시겠대?"

"당신은 물어볼 줄 몰라?"

"당신이 묻는 게 더 낫잖아. 부탁해."

나는 흐느끼다시피 말하면서 베개에 얼굴을 파묻었다.

"너무 그러지 마. 당신이 지겨워하면 알아서들 가겠지."

나는 돌아누워 아무 말도 하지 않았다.

타이완에 계신 우리 엄마가 보낸 세월이 지금 내 생활과 똑같았다. 엄마는 4대가 함께 사는 대가족의 주부였는데도 온종일 얼굴 가득 웃음이 떠나지 않았다. 그런데 왜 나는 고작 닷새 만에 삶의 의미를 잃고 만 거지?

나는 사랑이 없는 사람이야. 호세 가족에게도 이런 식인데 생판 남에게는 어떻게 굴겠어? 나는 심한 자책에 빠져 극도로 침울해졌다.

공부는 왜 한 거야? 공부해 봤자 이 모양인데. 제대로 책을 깨친 게 아니었다. 이렇게 과중한 집안일이 나에게 무슨 도움이 되는지 도무지 알 수가 없었다. 하루 종일 호세와 말할 시간도 없고 어느 누구와도 제대로 이야기를 못 했다. 나는 집안일 하는 기계, 동전을 넣지 않아도 움직이는 로봇이었다. 너무 간단해서 어린애도 조종할 줄 아는.

어느 날 아침 모두들 바닷가로 나간 사이에 사막에서부터 알고 지낸 호세의 오랜 친구가 찾아왔다.

"어! 산티아고, 어쩐 일이에요? 연락도 없이."

"어제 우연히 호세를 만났어요. 어머니 모시고 시내 구경 나왔더라고요."

"아! 호세가 나한테 말하는 걸 깜빡했나 봐요."

"저기…… 돈 가져왔어요, 싼마오."

"돈이요? 괜찮아요. 회사에서 가불했어요."

"다 썼대요. 호세가 어제 나한테 좀 빌려 달라고 했어요."

"다 썼다고요? 그런 말 없었는데!"

어떻게 그럴 수 있지? 어떻게? 7만 페세타가 넘는 돈을.

"아무튼 2만 페세타 놓고 가요."

"그래요. 아직 회사에서 20만 페세타쯤 받을 돈이 있어요. 금방 갚을게요. 미안해요."

산티아고를 보내고 나자 가슴이 계속 벌렁거렸다. 밤까지 참았다가 호세에게 살며시 물었다.

"돈 다 썼어? 아이스크림을 그렇게 많이 먹었을 리는 없고."

"기름값도 썼지."

"호세, 농담하지 말고."

"쩨쩨하게 굴지 좀 마, 싼마오. 겨우 손목시계 세 개 샀어. 아버지 것 하나, 어머니 것 하나, 나머지 하나는 뒀다가 데비 첫 영성체 선물로 줄 거고."

"그렇지만 우린 지금 백수야. 마드리드 아파트 할부금은 나올 구멍이 없고. 앞날이 얼마나 막막한데……."

호세는 대답이 없었다. 나도 입을 다물고 어둠 속에서 산티아고가 준 돈을 정확히 세어 호세에게 건넸다.

보름이 지났다. 시어머니를 모시고 성당에 갔다. 나는 천주교 신자가 아니라서 미사 시간 동안 밖에 앉아서 기다렸다.

"아가, 널 위해 기도 드렸단다."

"고맙습니다, 어머니."

"성모 마리아님께 너희도 빨리 아기 갖게 달라고 기도했지. 엄청 귀여운 아기."

어머니! 저도 어머니께 너무너무 하고 싶은 말이 있거든요. 이래서는 영원히 아기를 가질 수 없어요. 하루에 열여섯 시간 넘게 서 있는 며느리가 아기 가질 마음이 나겠어요?

20일이 지났다. 거실에 장난감이 가득 쌓였다. 다비드의 로켓과 장난감 영사기와 스케이트보드, 데비의 인형과 물통과 곰돌이가 모든 공간을 점거해 버렸다.

"외삼촌은 세상에서 가장 좋은 사람이야."

데비가 목말을 타고 앉아 호세의 머리를 두들긴다.

"외숙모는 나쁜 사람! 탕! 탕! 죽여!"

다비드는 부엌으로 뛰어들어 나에게 권총을 갈긴다.

"쟤 좀 봐! 마드리드는 까맣게 잊었나 봐."

둘째 시누이가 웃으며 말하자 나도 따라 웃는다. 그리고 다시 고개를 숙이고 채소를 다듬는다.

외숙모는 당연히 나쁜 사람이겠지. 부엌에만 있고, 빨래하고 다림질만 죽어라 하고, 할 줄 아는 말이라곤 "식사하세요!" 뿐이니.

장난도 안 치고 놀아 주지도 않고 장난감도 안 사주는 시골뜨기 아줌마.

"호세, 어머니 얼마나 더 계신대?"

밤중에 우리가 속닥거리는 유일한 화제였다.

"한 달도 안 됐잖아. 왜 그리 성화야."

"그런 거 아니야. 이미 익숙해졌어."

이렇게 말하고 눈을 감았다. 어둠 속에서 가느다란 눈물이 천천히 귓속으로 흘러들었다.

"난 아무도 아니야. 아무것도 아니라고."

아무 대답도 들려오지 않았다. 나도 안다, 이런 말에는 호세도 뭐라고 대꾸할 말이 없다는 걸.

"이 초췌한 꼴 좀 봐. 몸도 마음도 지쳤어. 제정신이 아냐."

"어머니가 당신을 때리기를 해, 욕을 해? 뭐가 그리 불만이야?"

"어머니께 불만 있다는 게 아냐. 그저 왜 사는지 모르겠어. 호세, 당신이 이해할까? 내가 지금 뭐 고생스럽다는 얘기가 아냐. 그렇지만 난…… 난 나 자신을 잃어버렸어. 당신 가족들 앞에 있으면 난 내가 아닌 사람이 돼버려. 내가 아니라는 게 너무 힘들어."

"위대한 여성들은 다 그렇게 자기를 버리는 거야."

"내가 뭐 위대해지겠대? 난 그저 나 자신이 되고 싶어. 내 말 듣고 있어?"

갑자기 내 언성이 높아졌다.

"식구들 다 깨울 작정이야? 오늘따라 왜 이래?"

나는 이불 속에 머리를 틀어박고 대꾸하지 않았다. 이런 심통에 딱히 이유는 없었다. 하지만 호세가 이토록 나를 이해 못한다는 사실에 단단히 상처받고 말았다.

지난 세대를 살아간 여성들은 평생을 지금의 나처럼 살았을 텐데. 이 세대를 사는 나는 왜 해내지 못하는 걸까!

"당신네 집안사람들은 너무 이기적이야."

"싼마오, 반성이 없구나. 누가 이기적일까. 당신일까, 어머니랑 누님일까."

"왜 매번 내가 빨래를 해야 돼? 잠자리도 다 내가 봐주고 밥 먹은 설거지도 다 내가 하고, 왜……."

"당신이 나서서 했잖아! 아무도 안 시켰어. 게다가 여긴 당신 집이야. 어머니랑 누님네는 손님이고."

"그런데 왜 마드리드에 손님으로 갔을 때도 다 내가 했지? 불공평하잖아."

계속 말했다간 호세가 길길이 날뛸 게 뻔했다. 나는 더 이상 소란을 피우지 않으려고 내 입을 틀어막았다.

성경에 이르기를 사랑은 언제나 오래 참고 언제나 온유하다 했다. 이 모든 것도 사랑이 있어야 해낼 수 있는 일이겠지. 내가 시어머니 앞에서 하는 행동은 제대로 된 사랑이 아니라 그저 전통적인 예절과 도덕에 맞춘 행동이었을 뿐이다. 그래서 속으로는 이렇게 견딜 수가 없었던 거다!

"나는 당신조차 사랑하지 않는구나."

나는 호세에게 어색하게 말했다. 나 자신도 처음 들어 보는 낯선 말투였다.

"사실은 그들이 날 제대로 사랑하지 않는 거야."

중얼거려 봐도 대답은 없었다. 호세를 흔들어 봤지만 어느새 잠들어 있었다.

나는 한숨을 쉬고 돌아누워 잠을 청했다. 더는 생각할 수도 없었다. 내일은 또 내일 감당해야 할 일이 있으니.

한 달이 지났다. 시아버지가 돌아오라는 편지를 보냈고 시누이 남편도 출근을 해야 했다. 떠날 날이 정해지자 나는 갑자기 더 이상 움직일 수도 없을 만큼 녹초가 되었다. 사람 의지란 참으로 희한하구나. 만약 시어머니와 평생을 같이 산다면 아마 어떻게든 버텨내겠지!

마지막 밤, 우리는 샴페인을 마시며 이야기꽃을 피웠다. 이런저런 일상 이야기도 나누고 스페인 내전 이야기도 꽤 많이 오갔다. 그런 다음 나는 시어머니 짐을 꾸리고 타이완 옥을 찾아서 둘째 시누이에게 선물했다. 호세의 실직이나 집 문제만은 누구도 입에 올리지 않았다. 말을 꺼낸 그 사람이 그 무거운 짐을 나누게 될까 봐 두려운 걸까.

공항에서 난꽃 한 송이를 시어머니 가슴에 달아 드렸다. 시어머니는 다시는 못 볼 것처럼 호세를 얼싸안고 눈물을 쏟을 듯한 표정으로 오래오래 입을 맞추었다. 나는 시어머니 입에서 이 말이 떨어지기만을 기다리고 있었다.

'아들아! 직장을 잃었으니 우리와 함께 돌아가자! 마드리드 집에서 같이 살자꾸나!'

하지만 그런 말은 없었다. 심지어 일자리나 앞날을 묻는 한마디 말조차 없었다. 그저 아들만 줄창 끌어안고 있었다.

내가 다가가 포옹하며 작별 인사를 하자 시어머니가 입을 열었다.

"얘야, 이번엔 너하고 같이 보낸 시간이 없구나. 네가 너무 바빴어. 다음에 또 올 때는 틈이 나면 좋겠다."

"네, 어머니. 이렇게 와주셔서 고맙습니다."

나는 시어머니 옷섶에 달린 꽃을 매만져 드렸다.

"자, 애들아, 간다고 인사해야지."

시누이가 허리를 구부려 아이들에게 인사를 시켰다.

"외삼촌 안녕! 외숙모 안녕!"

"안녕!"

어른들은 또 한 번 포옹을 나눈 다음 크고 작은 짐 꾸러미를 들고 비행기를 타러 들어갔다. 호세와 나는 눈길을 한번 나누고는 말없이 손을 맞잡고 주차장으로 향했다.

"싼마오, 당신 타이완에 편지 못 쓴 지 한참이지?"

"가서 바로 쓸 거야. 대청소는 당신이 좀 할래?"

낭랑하고 드높은 웃음이 터져 나왔다.

이런 가정생활은 어떤 토대 위에 세워진 걸까?

생각하지 않으련다. 내일 아침 눈을 떠보면 푹신한 내 침대 위에 있을 테니까. 라면만 먹어도 되고 케이크 따위는 안 만들어도 된다. 억지로 미소 짓지 않아도 되고 깔깔대며 맘껏 웃어도 된다. 가정생활의 토대고 뭐고 깊이 따지고 들 이유가 없다.

플라스틱 아이들

결혼한 뒤로 호세와 나는 사랑의 밀어 따위는 속삭이지 않게 됐다. '결혼은 연애의 무덤'이라고 흔히들 일컫는데 우리는 이 말에 100퍼센트 동의한다.

일단 이 무덤에 발을 들이면 겨울밤 눈비에 젖은 채 정처 없이 헤맬 필요가 없다. 소설 속 주인공처럼 뼈저린 사랑에 고통스러워할 필요도 없다. 겉모습은 봐줄 만한지, 말투와 태도는 고상한지, 데이트에 너무 이르거나 늦게 도착한 건 아닌지 신경을 곤두세울 일도 없어진다. 하루에 사랑한다는 말을 몇 번이나 들었는지도 더 이상 세지 않는다.

요컨대 연애 시절에 해야 했던 성가시고 부담스럽기 짝이 없는 온갖 일은 결혼이라는 장례식을 거치면서 아주 자연스레 자취를 감춘다.

물론 좀 과장해서 말하긴 했다. 만약 연애라는 것이 정말 앞서 말한 바와 같이 수고로운 일이라면 내 성격으로는 무덤 앞에 가기도 전에 방향을 홱 틀었으리라.

결혼하고 나서 호세가 평소에 나하고 하는 말은 이 세상 어떤 대화록보다도 간단하기 그지없었다. 기껏해야 '응/아니' 또는 '이거냐/저거냐'식 대화였으며 심지어 말조차 하지 않을 때도 많았다. 우리의 결혼 생활은 이런 식으로 원만하게 흘러갔다.

"오늘 은행 다녀왔어?"

"응."

"보험료 냈어?"

"아니."

"그 남색 셔츠 하루 더 입을 거야?"

"응."

"내일 친구 불러서 밥 먹기로 했어?"

"응."

"차 엔진오일 갈았어?"

"응."

언뜻 들으면 이 부부에게 결혼 생활의 위기가 닥쳤구나 싶을 거다. 이런 재미없는 대화라니, 서로 애정을 갈구하던 마음은 다 말라 비틀어졌구나 싶을 거다. 사실 우리도 여느 부부와 다를 바 없이 평범한 하루하루를 살아갔다. 딱히 불행한 일도 없고 특별히 행복한 일은 더더욱 없는.

사실 지금까지 늘어놓은 얘기는 다 헛소리다.

이 집에서 내 남편 호세의 입을 열고 닫는 은밀한 스위치는 내가 완벽하게 틀어쥐고 있다. 호세에게는 건드려선 안 될 두 가지 비밀이 있다. 호세를 들끓게 하는 기쁨의 원천이다. 까놓고 말하면 아주 평범하지만.

"호세, 군대에서도 삼시세끼 먹어?"

이 묘한 질문 하나만 던지면 이 인간은 덥석 미끼를 문다. 강태공은 웃음을 흘리며 침대에 걸터앉아 낚싯바늘에 걸려든 물고기를 지켜본다. 갑자기 우쭐해진 물고기는 청산유수처럼 이야기를 쏟아낸다. 차렷, 열중쉬어, 경례, 점호…… 한껏 들뜬 표정에 눈빛은 초롱초롱하다. 군대에서의 추억으로 평범한 남편은 아내 앞에서 영웅호걸로 부풀어 오른다. 이 찬란한 시간은 영원히 물러가지 않는다, 듣다 지친 아내가 대갈일성 하기 전에는.

"그만!"

그제야 이야기는 유유히 마무리된다.

플라스틱 아이들

다음에 또 남편을 놀리고 싶어지면 그저 심상하게 한 마디 툭 던지면 된다.

"호세, 군대에서도 삼시세끼 먹은 거 맞아?"

그러면 이 인간은 저도 모르게 덫에 걸려들어 동틀 때까지 정신 못 차리고 떠들어대리라.

아무튼 참아 주지 못할 만큼 기나긴 이야기는 아니었다. 호세의 군 복무 기간은 2년이었으니까.

내가 장악한 또 하나의 스위치는 쉽게 건드릴 엄두가 나지 않았다. 차라리 날마다 '응/아니'식 대화를 하고 말지 강태공 노릇은 안 하는 게 나았다. 이번 물고기가 한번 입을 열면 사흘 밤낮이 시끄러웠으니까.

"호세, 창밖에 참새 떼가 날아간다."

이 말이 튀어나온 순간 뒤집개가 손에서 툭 떨어졌다. 나도 모르게 저 인간의 이야기보따리를 건드리고 만 거다. 이제 달으려야 달을 수가 없다.

"참새가 뭐가 신기해! 나 어렸을 땐 말이지, 학교 가는 길 보리밭에 참새가 바글바글⋯⋯ 형이 새총으로 쏴서⋯⋯ 당신은 모르지, 사실 산토끼야말로⋯⋯ 그 풀은 염증에 바르면⋯⋯."

"호세, 당신 어릴 적 얘기는 제발 그만 듣자, 제발!"

귀를 틀어막아 보지만 이 인간은 너털웃음을 터뜨리며 먼

곳을 아련히 응시할 뿐이다. 내 말은 숫제 들리지도 않나 보다.

"나중에 아버지가 한 번만 더 늦게 오면 두들겨 패주겠다고 으름장을 놓는데, 내가 어쨌게…… 하하하! 형이랑 나랑 말야……."

호세는 어린 시절 추억 속에 빠졌다 하면 헤어 나올 줄을 몰랐다. 하늘을 보며 껄껄 웃다가 덩실덩실 춤을 추고, 이런저런 시늉을 하다가 짐승처럼 울부짖고…… 나는 가만히 보고 있을 수밖에 없었다. 군 생활보다 몇 년 더 긴 아동극 상연을 가까스로 마친 호세는 침대에 털썩 몸을 던지고 팔베개를 하고 누워 만족스러운 한숨을 토해냈다. 달콤하고도 아련한 기분에 흠뻑 취한 채.

"브라보, 쿠에로 씨! 정말 완벽한 어린 시절을 보내셨군요!"

내가 정중히 말했다.

"아!"

호세 얼굴에는 여전히 웃음이 걸려 있었다. 추억이란 정말 대단한 것이로구나. 슬펐던 일은 차츰 희미해지지만 기쁘고 즐거운 일은 다시금 떠올릴 때마다 선명하게 되살아나니.

"당신 어릴 때는 어땠어?"

호세가 나를 보며 물었다.

"나도 비슷하지 뭐. 반딧불이 잡고 날마다 나무에 오르고 남자애들하고 싸우고, 물뱀도 잡고 자전거도 타고…… 학교 가다가 물소한테 쫓겨 죽을 뻔한 적도 있어. 여름에도 더운 줄도 몰랐지. 겨울엔 스웨터 안 입는다고 버티다 엄마한테 혼나고. 나름대로 참 바빴어……."

나도 웃으며 말했다.

"좀 커서 소녀 시절에는 중학교 입시 때문에 매일매일 죽어라 공부만 했어. 갑자기 암담해지면서 그 뒤로는 좋은 날이 없었네……."

나는 한숨을 쉬며 침대보에서 삐져나온 실오라기를 잡아 뜯었다.

"그래도 우리 어린 시절은 꽤 괜찮았어. 안 그래?"

"그럼. 아주아주 좋았지."

호세 머리를 톡톡 두드려 주고는 일어나서 나가려는데 호세가 또 물었다.

"어이, 당신 타이베이에서 자랐어?"

"당신처럼 나도 도시 사람이야. 그래도 그땐 타이베이도 마드리드 같았어. 밖에 나가 놀기 참 좋았지! 학교 끝나고 집에 오는 길도 정말 재미있었고. 그런데 호세, 스페인 선생님은 이런 얘기 안 했겠지? 어린이는 나라의 기둥이라느니 미래의 주인공이라느니 뭐 그딴 소리."

"왜 안 해, 질리도록 했지. 우리는 나라의 꽃봉오리였어."

호세가 웃어댔다.

그런데 나에게는 하나도 우습지 않은 말이었다. 선생님 말씀은 다 옳았지만 안타깝게도 나는 재주가 없어 우리 집에서 주인공 역할도 반밖에 못 해냈다. 허리가 아파 똑바로 서 있지도 못했으니 기둥으로 쓸 만한 재목도 아니요, 생김새가 예쁜 것도 아니라서 무슨 꽃봉오리라고도 할 수 없었다. 표면적으로 해석해 보면 나는 윗세대 어른들이 아이들에게 걸었던 간곡한 기대를 완벽하게 저버린 셈이었다.

나 자신이 더 이상 어린이가 아닌 지 한참이라 어린이와 제대로 어울리는 시간을 갖기란 힘들어졌다. 게다가 반평생을 이국땅에 살다 보니 다른 나라 아이들이 어떤 하루를 보내는지에는 더더욱 관심이 없게 되었다.

이번에 타이완에 잠시 들어와서 보니까 언니와 남동생의 아이들은 어느새 바람에 휘날리는 사랑스러운 꽃봉오리로 들쭉날쭉 자라 있었다. 얼마나 기쁘고 놀라웠는지. 조카들을 보니 자연스레 미래의 기둥과 주인공 얘기가 떠올랐다. 내가 자란 환경과 지금 아이들의 환경이 얼마나 다른지는 몰라도 나는 조카들과 친하게 지내고 싶었다.

우리 집안 어린이들은 같은 단지 아파트에 나뉘어 살았다. 아침마다 큰 아이들은 통학 버스를 타고 학교에, 작은 아이들은 소형 버스를 타고 유치원에 갔다.

나는 타이완에 돌아오면 부모님 집에서 지냈으므로 바로 아래 남동생의 쌍둥이 딸들과도 한 지붕 아래 살게 됐다.

"꼬마 친구들, 여러분 학교에 꽃이 있나요?"

고모 된 사람이 조카들과 '학교' 놀이를 하고 있다.

"선생님, 우리 학교는 우리 집처럼 생겼는데 낮은 층에 있어요. 꽃은 없어요."

"선생님이 벽에다 풀밭 그려 놨잖아, 꽃도 그리고. 꽃 있는데 왜 없다고 그래?"

쌍둥이 동생이 언니가 한 말을 반박한다.

"이제 책을 가져와 선생님한테 읽어 주세요."

고모가 지시하자 쌍둥이 조카는 얼른 그림책을 들고 온다.

"이게 뭔가요?"

"달이요."

"이건?"

"나비요."

"이건 산인가요?"

"아니에요, 바다예요. 물이 많잖아요."

꼬마 친구가 대답한다.

"바다 본 적 있어요?"

"우린 겨우 네 살인데, 고모…… 아니 선생님. 크면 보러 갈 거예요. 아빠가 그랬어요."

"그럼 달이랑 나비랑 산은 진짜로 본 적 있어요?"

두 꼬마는 세차게 도리질을 한다.

"좋아, 그럼 오늘 밤에 달구경 가자."

고모는 창문 너머에 바짝 붙은 이웃집 부엌을 보며 한숨을 쉬었다.

달구경이란 본디 참 재미난 일이다. 달은 오만 가지 이야기와 전설을 품고 있기 때문이다. 문방구 앞길에 서서 두 꼬마의 손을 잡고 달을 보여 주었지만 암만해도 달빛은 이 꼬마들을 사로잡지 못했다.

우리의 '달맞이'는 쌍둥이 인형이 문방구로 뛰어드는 것으로 끝나 버렸다. 두 꼬마는 플라스틱 책받침을 하나씩 골라잡고 잔뜩 신이 나서 집으로 돌아왔다.

아버지가 여행을 가자고 제안하기에 나는 온 집안 어린이와 다 같이 가자고 우겼다. 언니네 초등학생 셋, 남동생네 쌍둥이 둘을 다 데려가자고.

"무슨 말인지 알고 하는 소리니? 어른 셋이 애 다섯을 데리고 여행을 가자고?"

언니는 찬성하지 않았다.

"어린 시절은 순식간에 지나간다고. 애들한테도 아름다운 추억을 좀 만들어 줘야지. 괜찮아, 안 귀찮아."

얼마나 기대가 큰지 아이들은 넋이 나갈 지경이었다. 그 기대는 화렌 아스타 호텔에 도착하자마자 충족되었다. 아이들은 잔뜩 흥분해 우리가 묵을 방방마다 미친 듯이 뛰어다녔다.

이어 벌어진 것은 간식 파티. 언니네 아이들은 곧바로 숨겨 온 보물인 껌, 소고기 육포, 말린 매실 따위를 꺼내 놓고 교환하기 시작했다.

"애들아, 나와서 바다 좀 봐. 메이메이, 책에서 봤던 너른 바다야."

나는 발코니에 서서 조카들을 소리쳐 불렀지만 커튼 뒤에서 나온 것은 사내아이의 머리 하나뿐이었다. 그나마 1초간 쓱 보고는 쏙 들어가 버렸다.

"간식은 그만 먹고, 나와서 자연을 좀 느끼자."

나는 방으로 뛰어들어 첫째 후이후이를 붙잡고 명령하듯 소리쳤다.

"우리 지금 바빠요! 좀 이따 부르세요!"

둘째 원원이 고개도 들지 않고 대꾸했다. 남동생하고 나눈 매실이 한 알이라도 모자라진 않은지 열심히 세고 있었다.

"막내들, 착하지. 고모랑 나가서 바다 보자."

나는 네 살배기 쌍둥이 인형을 불렀다.

"무서워요. 발코니가 너무 높아요. 바다 안 볼래요."

쌍둥이는 방구석에 웅크린 채 애처롭기 짝이 없는 눈빛으로 나를 쳐다보았다.

내가 평생 바다를 못 봐서 이러겠는가? 나와 호세가 사는 집 창문 밖이 바로 바다다. 타이완에 와서까지 이렇게 미래의 주인공들을 비행기에 태워 화렌으로 날아온 이유는 오로지 아이들에게도 대자연의 아름다운 풍광을 보여 주고 싶어서였다. 그런데 이다지도 관심이 없을 수가. 아파트에 살면서 학교와 집만 오가는 아이들에게 바다란 이토록 머나먼 존재란 말인가.

아이들에게 대자연이란 이미 존재하지 않았다!

황혼이 깃들자 부모님과 나는 아이들을 데리고 호텔 주변으로 산책하러 나갔다. 풀숲을 뒤덮은 강아지풀이 산들바람에 춤을 추고 하얀 나비 한두 마리가 나풀나풀 날아다녔다. 나는 풀숲으로 덥석 뛰어들었다. 꼬마 인형들도 뒤따르는 줄 알고 돌아봤더니, 이게 뭐람. 이 현세대의 아이들은 죄다 길가에

서서 소리만 지르고 있었다. 고모, 강아지풀 하나만 따주세요, 나도 갖고 싶어요— 이모, 나도요. 나도 따주세요— 강아지풀 좀 많이많이 따 오세요—

"너희는 왜 안 들어와?"

나는 아이들을 돌아보며 의아하게 물었다.

"풀이 너무 많아요. 뱀 나올 것 같아요. 무서워서 못 들어가 겠어요."

"나 어릴 때는 차 때문에 아스팔트 길이 무서웠는데 지금 너희는 풀을 무서워하는구나. 텔레비전으로만 봐서 그런가. 하긴 어쩌다 공원에나 가는 게 전부겠지."

아이들에게 강아지풀을 나눠 주며 생각했다. 고작 20년쯤 벌어졌을 뿐인데 어느새 새로운 시대가 되었구나. 이 세대 아이들은 강아지풀을 받아 보기는 한다. 직접 따는 데는 관심 없지만. 그렇다면 다음 세대 아이들은 벽에 그려진 꽃과 풀에도 눈길을 주지 않는 건 아닐까?

인조털을 붙인 알록달록한 의상을 입은 고산족 아가씨들의 민속춤을 보고 나서 아이들을 재웠다. 다음 날에는 텐샹으로 가서 게스트하우스에서 이틀간 묵을 예정이었다.

도시에서 자란 아이들은 대자연이 인간에게 내려 준 영성靈性을 상실한 지 오래다. 내가 보기에 이는 크나큰 비애였다. 오전 내내 아이들을 데리고 톈샹의 대자연 속을 바삐 돌아다녔지만 돌아오는 것은 내 기분을 맞추려고 예의상 내뱉는 감탄사뿐이었다. 물놀이를 할 수 있는 수영장을 발견하자 그제야 아이들은 진정으로 격하게 환호하며 앞다퉈 물속으로 뛰어들었다.

물속에서 물싸움을 하며 저토록 신이 난 아이들을 보니 이런 생각이 절로 들었다. '플라스틱 시대'가 진즉에 도래한 걸 왜 여태 몰랐지?

"이모, 왜 우리보고 플라스틱 아이래요? 아닌데."

조카들이 항변했다.

나는 대답 없이 웃으며 아이들의 매실 한 알을 스리슬쩍 입에 넣었다.

그날 톈샹의 밤은 생각보다 일찍 찾아왔다. 나는 조카 원원을 데리고 나가 광장을 거닐었다. 거대한 구름층이 흘러가자 맞은편 언덕의 탑 꼭대기에 걸린 달이 모습을 드러냈다. 달빛이 내려앉은 탑은 중국 신화에 나오는 한 장면처럼 고풍스럽고 아름답기 그지없었다.

"원원, 저것 봐."

나는 탑과 산과 달을 가리키며 조용히 말했다.

"이모, 다 봤으니까 갈래요! 밖에 있기 싫어요."

플라스틱 아이들

아이는 겁먹은 기색을 보이며 불편해하기 시작했다.

"얼마나 아름답니? 와서 제대로 좀 봐."

"귀신 나올 것 같아요. 너무 깜깜해요! 들어갈래요."

조카는 있는 힘껏 내 손을 뿌리치고는 귀신 백 명에게 쫓기기라도 하는 듯 쏜살같이 내달려 할머니 할아버지 방으로 숨어 버렸다.

어른들이 즐기는 아름다운 풍경을 아이에게 억지로 감상하라 하느니 차라리 텔레비전을 보여 주는 게 나을지도! 사실 대자연은 오랜 시간 감상할 수 있는 것이 아니다. 그 속에 살지 않고 건너편 강가에서 바라만 본다면 자연은 여전히 무료한 존재다.

여행을 마치고 집으로 돌아온 순간, 나는 이 세대 아이들이 좋아하는 것이 뭔지 비로소 알아차렸다. 아이들은 그대로 텔레비전 앞으로 직행했다. 며칠 동안 놓쳐 버린 TV 프로그램을 너무너무 안타까워하면서!

열두 살짜리 조카아이 둘은 벌써 안경을 쓴다. 과중한 공부를 마친 아이들의 유일한 소일거리는 텔레비전 시청이며 나머지 일상은 텅 빈 공백이다. 아이들이 훗날 이 시절을 돌이켜 보고 묘사해 본다면 달랑 한 줄로 끝나 버리지 싶다.

카나리아 제도로 돌아오자 자연히 호세에게 타이베이의 신세대 아이들 이야기를 꺼내게 됐다.

"애들이 글쎄 반딧불이도 모르더라. 나무를 봐도 무슨 나무인지 모르고 벌레도 몰라. 풀밭엔 발끝도 안 딛고 은하수도 본 적이 없대."

"그럼 걔들은 뭐 하느라 바쁘지?"

호세가 물었다.

"스쿨버스에 낑겨 다니며 공부에 숙제에 과외에, 그 와중에 잠깐 나는 틈은 텔레비전 보고 만화책 보는 데도 모자라지."

"스페인 애들은 그 정도는 아닐 거야."

"당신 조카들도 똑같을걸. 온 세상 애들이 다 비슷할 거야."

얼마 지나지 않아 방학을 맞은 호세의 조카들이 비행기에 실려 카나리아 제도로 왔다.

"애들아, 내일 산에 가서 하루 종일 놀 거니까 일찍 자자."

나는 바비큐 준비를 하면서 아이들을 서둘러 침대로 보냈다. 이 외국 아이들은 좀 다를지도 모른다고 생각하면서.

이튿날 아침 일찍 차고에 들어선 아이들은 전에 살던 사람이 내다 버린 만화 잡지 한 무더기를 발견했다. 아이들은 환호성을 지르며 우르르 몰려들더니 잡지를 착착 나눠 가졌다.

청회색 산 위에 펼쳐진 아름다운 경치를 감상하는 이는 호

플라스틱 아이들

세와 나뿐이었다. 다섯 아이는 차 안에 쥐 죽은 듯 틀어박혀 만화책에 고개를 처박고 있었다.

마른 나뭇가지를 주워다가 불 피우고 고기 굽는 일이 나는 너무나 재미났다. 그러나 이 아이들은 저희끼리 귓속말을 하며 나눠 가진 만화책을 끌어안고 바위에 꼼짝도 않고 앉아만 있었다. 면역 주사라도 맞았나, 이 상쾌한 공기와 너른 들판, 파란 하늘과 하얀 구름에는 완전히 무감동했다. 움직일 마음조차 없어 보였다.

뭔가 걱정거리가 있는 게 틀림없는 다섯 아이는 마침내 큰아이를 대표로 떠밀었다. 큰조카는 헛기침을 한번 하더니 매우 공손하게 호세에게 물었다.

"외삼촌, 얼마 동안 더 하면 될까요?"

"뭘 더 해?"

"제 얘기는, 음, 그러니까…… 밥 다 먹으면 집에 갈 수 있어요?"

큰조카는 코를 만지작거리며 쑥스럽게 말했다.

"왜 그렇게 집에 가려고 안달이니?"

내가 의아하게 물었다.

"사실은요, 오늘 세 시에 텔레비전에서 영화를 하거든요. 그게…… 놓치면 안 되는 거라서요."

뜻밖의 말에 호세와 나는 마주 보다가 폭소를 터뜨렸다.

"여기도 플라스틱 아이들!"

조카들은 몹시 기분 나쁜 눈으로 우리를 노려보았다. 역시나 이런 별칭은 사절인 모양이었다.

먼 길을 달려 집으로 돌아왔다. 차가 제대로 서기도 전에 아이들은 꺅꺅거리며 집으로 돌진해 텔레비전 버튼을 눌렀다. 곧이어 열렬한 환호성이 터져 나왔다.

"아직 안 한다. 안 늦었어."

이 행복한 어린이들은 텔레비전 속으로 완전히 빨려 들어갔다. 주위의 모든 것은 깡그리 잊고.

나는 바닥에 앉고 누운 작은 몸뚱이들을 사뿐 넘어가 산에서 꺾어 온 들꽃을 병에 꽂았다. 때마침 텔레비전에서 광고 음악이 우렁차게 흘러나왔다. 마시자, 코카콜라. 다 잘될 거야. 함께 마시자, 코―카―콜―라.

언제였던가, 나의 시대는 슬그머니 지나가 버렸구나. 이제야 그걸 알아차리다니.

꽃 파는 여인

 우리의 칩거 생활은 먼 옛날 도연명처럼 유유자적하지는 않았지만, 사람 사는 틈에 초막을 짓고 살아도 말과 수레의 시끄러운 소리가 들리지 않을 結廬在人境 而無車馬喧* 정도는 되었다. 20세기인 오늘날에 우리처럼 시골뜨기를 고집하는 바보는 보기 드물 것이다.

 이곳에 오면서부터 도연명 선생을 본받으려 작심한 것은 아니었다. 도 선생처럼 국화꽃을 꺾어 들고 남산을 바라보지도** 않았다. 나는 그저 한 마리 시골 쥐처럼 살고자 했을 뿐이다.

---

* 중국 육조 시대 전원시인 도연명陶淵明의 시 「음주」飲酒의 한 구절.
** 역시 도연명의 시 「음주」의 한 구절 '동쪽 울 밑에서 국화를 꺾어 들고 그윽이 남산을 보노라 採菊東籬下 悠然見南山'를 인용하고 있다.

호세는 도연명 선생이 누군지도 모르면서 오두미五斗米*를 얻고자 부지런히 허리를 굽혀야 했다. 문제는 이곳이 외국인데도 쌀을 먹으려는 사람이 아주 많았다는 사실. 여기저기서 오두미를 원했기에 아무리 이리 굽신 저리 굽신해도 우리가 얻을 수 있는 쌀은 거의 없었다.

　'가난하면 길가에 살아도 안부를 묻는 사람이 없고 부유하면 깊은 산속에 살아도 먼 친척이 찾아온다'는 말이 있다. 우리는 가난한 주제에 감히 외진 바닷가에 터를 잡았으니 사람들에게 잊히는 것은 당연했다.

　시골에 살게 되자 찾아오는 손님도 절로 사라졌다. 우리는 이 도화원에 숨어 안온하고 한가로운 생활을 기꺼이 누렸다. 내 오랜 염원을 이룬 셈이었다.

　그런데 한동안 살다 보니 이 도화원도 세상과 단절된 곳은 결코 아니었다. 보통 사람들은 자연스레 우리를 잊었지만 이 깊숙한 곳까지 날마다 찾아오는 사람은 여전히 적지 않았다. 특히나 무릉인**으로 분장한 행상인만큼은 우리를 그냥 지나

---

* '쥐꼬리 같은 월급'을 이르는 말로, 말단 관직에 있던 도연명이 감찰 나온 감독관에게 굽신거리기 싫어 "그깟 쌀 다섯 말에 어찌 허리를 구부리랴我豈能爲五斗米折腰"하고는 벼슬을 버리고 고향으로 돌아갔다는 일화에서 유래했다.

** 도연명의 「도화원기」桃花源記에서 복숭아 숲을 따라 진秦나라 때 난리를 피한 사람의 자손들이 사는 낙원 같은 곳을 찾아갔던 어부가 '무릉에 사는 사람'武陵人이다.

꽃 파는 여인

치는 법이 없었다.

우리가 사는 이곳까지 물건을 팔러 오는 사람들은 '외판원'이라 불리기에는 지나치게 소박했다. 카나리아 제도까지 온 이 스페인 사람들은 모 업체에서 나와 세제를 파는 것도 백과사전을 파는 것도 아니었다. 진공청소기 시범을 보이는 일은 더더욱 없었다. 이들이 사나흘에 한 번씩 문을 두드리며 팔아 달라는 물건이란 토마토 한 자루, 생선 몇 마리, 과일 몇 근 아니면 화분 몇 개, 달걀 한 판, 옥수수 몇 자루 따위였다.

처음에는 나도 이 순박한 시골 사람들이 파는 물건을 기꺼이 사곤 했다. 정직한 이도 있고 교활한 이도 있으며 부자도 있고 가난한 사람도 있었지만 장사는 모두 똑같이 했다. 나에게도 꽤나 편리했다. 차를 몰고 시내까지 장 보러 나갈 필요가 없었으니까.

나중 일을 말하자면, 우리는 어떤 행상인에게도 물건을 사지 않고 문조차 열어 주지 않게 되었다. 순전히 그 꽃장수 할망구 때문에.

여기까지 썼는데 누군가 앞마당 울타리 문을 밀어젖히는 소리가 들렸다. 고개를 돌려 밖을 내다본 나는 "경보 발령!"을 나지막이 외치며 책을 보던 호세를 확 밀치고 쏜살같이 내달려 정원으로 통하는 거실 문을 잠그고 부엌에서 끓고 있던 국

냄비 불을 껐다. 이어 호세를 따라 욕실로 달려갔다. 너무 급히 뛰다가 호세를 욕조 속으로 쑤셔 넣을 뻔했다. 그때, 누군가 쾅쾅쾅쾅 현관문을 두들기며 소리쳤다.

"안녕하슈! 부인, 선생! 문 좀 열어 보시우!"

우리는 욕실 문을 살그머니 닫았다. 그러자 이번에는 뒤로 돌아가 침실 창문을 두드리는 소리와 함께 기운찬 목소리가 들려왔다.

"문 좀 여시구려! 아무도 안 계신가!"

그 사람은 유리창이란 유리창은 모조리 들여다보더니 다시 현관으로 돌아가 문틈 사이로 굴하지 않고 외쳤다.

"부인, 문 여시우! 안에 있는 거 다 안다우, 음악 틀어 놨잖수! 할 말이 있으니 문 좀 열어 보시우."

"라디오 안 껐잖아!"

내가 호세에게 말했다.

"시끄러워 미치겠네. 내가 나가서 쫓아 보낼게."

호세가 문을 열고 나가려고 했다.

"나가지 마, 당신은 상대도 안 돼. 찍소리 못 하고 당한다고!"

"누구 얘기야?"

"꽃장수 말이야! 저 목소리 몰라?"

꽃 파는 여인

"헉! 안 나가, 안 나가."

누군지 알아차린 호세는 흠칫하더니 변기에 앉아 고개를 수그리고 책을 보기 시작했다. 나는 웃으며 손톱깎이를 꺼내 들었다. 밖에서 아무리 문짝이 부서져라 두들겨대도 우리는 숨죽인 채 가만히 숨어 있었다.

얼마나 지났을까, 드디어 바깥이 잠잠해졌다. 나는 살금살금 기어 나가 주위를 확인하고는 욕실을 돌아보며 소리쳤다.

"경보 해제!"

그제야 호세도 슬금슬금 밖으로 나왔다.

천하에 두려울 것 없는 우리가 고작 꽃 파는 할머니에게 이토록 벌벌 떠는 까닭은 그이만의 탁월한 장사 수완 때문이었다. 집 안 곳곳에 놓인 완전히 또는 반쯤 시들어 버린 크고 작은 화분들을 보면서 나는 그 대단한 꽃장수에게 내심 탄복하지 않을 수 없었다. 그 노파와 맞붙어 우리는 한 번도 이겨 본 적이 없었다.

꽃장수가 처음 나타났을 때 나는 순진하게도 그저 딱한 시골 할머니라고만 생각했다. 화초를 워낙 좋아해서 꽃장수를 열렬히 환영하기까지 했다. 나는 털끝만 한 경계심도 없이 문을 활짝 열어 주었다.

"저 화분은 얼마예요?"

나는 노파가 바닥에 내려놓은 종이 상자에서 화분 하나를 가리키며 물었다.

"이거 말이우? 500페세타에 드리리다."

노파는 대답과 동시에 내가 가리킨 화분을 꺼내더니 자기 멋대로 내 탁자에 올려놓았다.

"뭐 그렇게 비싸요? 시내에 나가면 150페세타면 사는데요!"

노파가 부른 가격에 깜짝 놀라 나도 모르게 소리를 질렀다.

"부인, 여기는 시내가 아니지."

노파가 눈을 부릅떴다.

"시내에 가서 사면 되죠."

내가 조심스레 말했다.

"지금 화분이 하나 생겼잖수? 그런데 뭐 하러 귀찮게 시내까지 나가? 엉?"

노파는 능청스러운 웃음을 지었다.

"산다고 한 적 없는데요! 가져가세요."

나는 화분을 노파의 커다란 종이 상자에 도로 담았다.

"알았수, 알았어! 내 긴말은 않겠수."

노파는 나를 보지도 않은 채 자동 기계같이 민첩하게 화분을 다시 방금 전처럼 탁자에 올려놓았다.

"안 산다고요."

나는 완강한 태도로 화분을 다시 종이 상자에 집어넣었다.

"부인이 안 사면 누가 사누? 분명 부인이 골랐잖수!"

노파가 버럭 고함을 질렀다. 내가 뒤로 한 발 물러난 틈에 화분은 다시 상자에서 탁자로 휙 날아올랐다.

"그 값으론 못 사죠, 너무 비싸잖아요!"

"비싸다고? 이게 비싸?"

노파는 억울하다는 듯이 소리쳤다. 나는 그제야 깨달았다. 지독한 상대에게 걸려들었구나.

"부인! 부인은 젊은 데다가 집에 들어앉아 행복하게 살지 않수. 수도에 전기에 다 있고 더울 일도 목마를 일도 없고 머리에 이렇게 커다란 상자를 이고 걸어 다닐 필요도 없지. 음악이나 들으며 밥이나 하고 아주 신선놀음이 따로 없구먼. 그런데 지금 이 불쌍한 늙은이가, 아무것도 없는 노인네인 내가 이렇게 집까지 찾아와 화분 하나 팔아 달라는데 비싸다니? 내가 이렇게 커다란 대가를 치르면서 겨우 화분 하나 팔아 달라는데 비싸다고? 비싸긴 뭐가 비싸?"

노파가 구구절절 따져 물었다.

"아니! 정말 이상한 분이네. 제가 할머니더러 꽃 팔러 다니

시라고 한 것도 아니잖아요. 왜 저한테 따지세요?"

나는 부아가 나기 시작했다. 동정심은 조금도 일지 않았다.

"안 그랬지, 당연히 부인하고 상관도 없지. 그래도 생각해 보슈, 부인 생활이 어떤지 또 내 생활이 어떤지 생각해 보란 말이우. 자, 내 꽃을 살 거유, 말 거유?"

그 뻔뻔스러운 낯짝이 내 코앞으로 바짝 다가왔다. 섬뜩하게 꿈틀거리는 주름살, 포악하게 번뜩이는 눈빛, 바드득바드득 이 갈리는 소리. 집에는 나밖에 없었다. 등골이 서늘해졌다.

"꽃을 팔려면 합당한 가격에 파셔야죠. 그렇게 비싼 걸 제가 어떻게 사요?"

"부인, 나는 꼭두새벽부터 걷느라 밥 한 술 못 뜨고 물 한 모금 못 마셨다우. 뙤약볕에 머리가 어질어질하고 하도 걸어서 발까지 다 부르텄단 말이우. 부인은 집에서 한 발짝도 안 나가고 내가 예까지 꽃을 갖다 바치는데 이게 비싸단 말이우? 이 나이에 살아 보겠다고 아등바등하는 사람한테 이리 모질게 굴어도 되겠수? 이렇게 젊고 이렇게 좋은 집에 살면서 나 같은 가난뱅이 처지를 생각이나 해봤수?"

노파는 꼬치꼬치 나를 힐난했다. 한마디로 자기가 겪는 고생이 다 내 탓이라는 소리였다. 내가 정말로 그런 죄인이었나, 나는 몹시 당황해 노파를 멍하니 보고만 있었다.

노파는 검은 옷에 검은 머릿수건을 두르고 인조가죽 가방을 등에 메고 있었다. 얼굴에는 주름이 깊게 파이고 수건 밑으로 꼬불꼬불한 머리카락이 마른 풀처럼 삐죽삐죽 뻗쳐 있었다.

 "못 사요. 저희도 부자가 아니라고요."

 나는 내 입장을 고수하며 화분을 다시 종이 상자로 옮겨 놓았다.

 그런데 이게 무슨 조화인가, 분명 화분 하나를 돌려보냈는데 노파의 두 손이 마술을 부리듯 상자에서 나오면서 이번에는 화분 두 개가 탁자 위로 올라왔다.

 "다시 한번 말하는데 그 값으론 도저히 못 사요. 그만 좀 하고 가주세요."

 나는 정색하고 문을 열며 나가라고 했다.

 "금방 간다고, 부인. 두 개 사면 900페세타에 주리다. 저절로 에누리가 되는구먼. 화분만 사주면 금방 간다니까."

 노파는 억지소리를 주절거리며 멋대로 주저앉으려 했다. 보아하니 생떼를 부리며 버틸 셈이었다.

 "거기 앉지 말고 나가세요! 안 산다니까요!"

 나는 팔짱을 끼고 서서 노파에게 말했다.

 그러자 노파는 표정을 싹 바꿔 울며불며 하소연을 늘어놓기 시작했다.

"부인, 난 자식이 다섯에 남편은 몸져누웠다우. 하긴 애가 하나도 없는 부인이 어찌 자식이 줄줄이 딸린 가난뱅이 아낙의 고충을 알까, 어엉어엉……."

나는 이 난데없는 익살극에 어리둥절해졌다. 내가 문을 열고 꽃을 구경한 순간부터 노파는 자신의 고난을 내게 나눠 줄 작정이었던 거다.

"정말 대책 없는 분이네. 나가 달라고요!"

나는 웃음기가 싹 가신 얼굴로 노파에게 말했다.

"그러면 200페세타만 주시구려. 200페세타만 주면 바로 가겠수."

"못 드려요."

"그럼 물이라도 주시우."

이런저런 요구가 줄줄이 이어졌다. 그러니까 이 노파는 갈 생각이 전혀 없었다.

물을 달라는 요구까지는 거절할 도리가 없었다. 나는 냉장고를 열어 물 한 병과 컵 하나를 꺼내 왔다.

노파는 한 모금 마시더니 병에 남은 물을 전부 화분에 부었다. 물을 다 붓자 한숨을 푹 쉬고는 또 끈덕지게 말했다.

"담요 한 장도 괜찮다우. 좋은 일 좀 해야지. 담요 한 장이라도 주시우!"

꽃 파는 여인

"담요가 없어요."

열불이 나기 시작했다.

"담요가 없으면 꽃을 사든가! 뭐가 그리 다 안 되누!"

한숨이 나왔다. 시계를 보니 호세가 점심 먹으러 올 시간이었다. 더는 이 할망구에게 시달릴 시간이 없었다. 나는 방으로 들어가 서랍에서 지폐 한 장을 꺼냈다.

"여기요. 화분 하나 주세요."

노파에게 500페세타를 내밀었다. 그런데 노파는 받으려 하지 않고 히죽거리기만 했다.

"부인, 900페세타에 두 개하고 500페세타에 한 개. 어느 쪽이 수지가 맞겠수?"

"하나 샀잖아요, 이제 좀 가주세요!"

"두 개를 사야지! 아침부터 지금껏 하나도 못 팔았다우. 좋은 일 좀 하라니까, 두 개 사주시우! 부탁이우, 부인!"

이런 욕심이 한도 끝도 없는 사람을 봤나. 나는 화가 나서 얼굴이 시뻘게졌다.

"나가세요. 할머니랑 떠들고 있을 시간 없어요."

"얼씨구! 시간이 없는 사람은 나지 부인이 왜. 얼른 다음 집에 가야 하는데 부인 때문에 질질 끌고 있잖수. 처음에 바로 샀으면 우리가 왜 여태 이러고 있을꼬?"

말도 안 되는 억지에 복장이 터진 나는 노파를 잡아끌며 소리를 빽 질렀다.

"나가요!"

노파는 그제야 꾸물꾸물 일어나더니 꽃 상자를 머리에 이고 호탕하게 웃으며 말했다.

"고맙수, 부인! 성모 마리아께서 지켜 주시길. 또 봅시다!"

나는 문을 쾅 닫았다. 백 년은 흘러간 듯했다. 이 노파에게 영원처럼 긴 시간을 들들 볶인 끝에 결국 화분을 사고 말았다. 노파가 말한 대로 아닌가. 처음부터 바로 샀으면 여태 이러고 있었을까?

결국 다 내 탓이요, 노파는 아주 합리적인 사람이었다.

나는 강제로 당첨된 화분을 들고 수돗가로 갔다.

흙에 물을 주는데 화분에 있던 유일한 꽃자루가 툭 떨어졌다. 볼수록 심상치 않았다. 이렇게 작은 화분에서 어찌 이리 커다란 잎이 자라지? 당최 어울리지 않았다.

조심스레 줄기를 당겨 보았다. 축축한 흙 속에서 스르륵 뽑혀 나왔다. 애초에 뿌리가 없는 가지였다. 가위 자국마저 선명했다. 나무에서 잘라낸 가지를 화분에 꽂아서 속여 판 것이다!

나는 나뭇가지를 팽개치고 그 괘씸한 할망구를 찾아 밖으로 뛰쳐나갔다. 큰길을 따라 좀 가다 보니 작은 공원 풀밭에 앉아 뭔가 먹고 있는 노파가 보였다. 옆에는 아들처럼 보이는 서른 남짓한 남자가 서 있고 길가에 세워진 중형차 안에 커다란 종이 상자 여러 개와 화분 몇 개가 더 있었다.

"아니, 걸어왔다고 하시지 않았어요?"

내가 따져 물었지만 노파는 무슨 말인지 모르겠다는 듯 천연덕스러웠다.

"화분에 뿌리가 없던데 어떻게 된 거예요?"

나는 노파가 먹고 있는 고기 샌드위치를 보면서 물었다.

"뿌리? 뿌리야 당연히 없지! 물을 많이 주면 뿌리가 자란다우, 호호호!"

"이 뻔뻔스러운 할망구야!"

나는 노파를 차갑게 노려보며 내가 할 수 있는 가장 심한 욕을 내뱉었다.

이렇게 욕을 해도 노파는 귀머거리처럼 히죽거릴 뿐이었다. 고개를 떨군 사람은 아들처럼 보이는 남자였다.

"뿌리가 있는 건 값이 다르지. 이 화분 보시우, 얼마나 보기 좋아? 이건 1200페세타짜린데 진즉 말하지 그랬수!"

어찌나 부아가 치미는지 그대로 돌아서 버렸다. 내 평생 누군가에게 이렇게 놀아나며 쩔쩔매 보기는 처음이었다. 몇 발짝 가는데 노파가 또다시 소리쳤다.

"부인, 내 오후에 다시 들를 테니 천천히 고르시우, 뿌리가 있는 걸로……."

"다신 오지 마요!"

나는 소리를 빽 질렀다. 더는 욕할 말도 없었다. 나는 이런 노련한 할망구에게는 상대도 안 되는 서투른 어린애였다.

그날 오후 편지를 부치고 돌아오는 길이었다. 길에서 마주친 이웃집 부인이 탕수갈비 만드는 법을 묻기에 그 자리에 서서 한참 수다를 떨다 집에 왔다. 문을 열고 들어서는 순간, 탁자 위에 놓인 물건이 눈에 들어왔다. 아침에 산 화분과 똑같은 화분이었다.

나는 소스라치게 놀랐다. 불길한 예감에 이리저리 호세를 찾아봤지만 집 안에는 없었다. 뒤뜰로 나가 보니 내가 아침에 산 나뭇가지를 땅에 심고 있는 호세가 보였다.

"호세, 아까 낮에 그 꽃장수 얘기 해줬잖아. 어떻게 당신마저 당해? 그 할망구 또 왔다 간 거지?"

"사실 속인 건 아냐."

호세가 한숨을 내쉬었다.

"그 꽃장수는 사기꾼이야. 입만 열면 거짓말인데, 당신……."

"아까는 안 그러더라고. 그래서 하나 더 산 거야."

"얼마 주고? 우린 지금 백수잖아. 미쳤어!"

꽃 파는 여인

"당신 나가고 바로 왔어. 나한테는 전혀 어거지를 쓰지 않더라고. 당신이 자기한테 잘해 줬대, 물도 한 잔 주고. 그런데 알고 보니 실수로 뿌리가 없는 화초를 팔았다는 거야. 그래서 후회하다가 마침 마지막 하나가 남아서 반값에 주려고 왔대. 사과하는 뜻으로. 그러니까 너무 뭐라 하지 마."

"얼마 줬어? 빨리 말해!"

"1200의 반이니까 600페세타지. 엄청 커다란 나무로 자랄 거래."

"뿌리 있는 거 확인했어?"

호세가 고개를 끄덕였다.

나는 한 손으로 줄기를 잡고 홱 당겨 보았다. 내 손에 남은 것은 이날의 두 번째 나뭇가지였다. 예상을 한 치도 벗어나지 않았다. 이 밥통의 휘둥그레진 눈과 쩍 벌어진 입이 예상 밖이었을 뿐.

"당신이 어떻게 당해내겠어. 아주 지독하게 능수능란한 할망구야."

우리는 힘을 모아 두 번째 나뭇가지를 뒤뜰에 꽂았다. 물을 듬뿍 주면 뿌리가 나기만을 바라며.

1라운드와 2라운드 모두 꽃장수 노파의 완승이었다.

며칠 뒤, 옆집에 가서 재봉틀을 빌려 쓰고 있는데 그 꽃장수가 들이닥쳤다.

"아니! 지금 막 부인한테 가려고 했는데 여기서 보는구려."

노파가 다정하게 인사를 건넸다. 나는 어쩔 수 없이 웃는 듯 마는 듯한 얼굴로 고개를 끄덕였다.

"루시, 저 여자 화분 사면 안 돼요. 뿌리가 없어요."

내가 이웃집 부인에게 말했다.

"진짜예요?"

루시가 의아해하며 몸을 돌려 꽃장수에게 물었다.

"있지, 어떻게 화초에 뿌리가 없겠수. 이 부인이 오해한 게지. 괜찮으니까 날 믿으시고, 자자, 이 화분 어떻수?"

꽃장수는 특별히 예쁜 화분을 잽싸게 들어 루시에게 보여주었다.

"루시, 속으면 안 돼요. 뽑아 봐야 돼요!"

내가 재차 말했다.

"그러면 한번 뽑아 볼게요. 보고 뿌리가 있으면 살게요."

"아니, 부인! 뽑으면 죽지, 꽃을 사면서 뽑긴 왜 뽑누?"

루시가 웃으며 나를 보았다.

"사지 말고 얼른 내보내요."

내가 다그쳤다.

"뿌리 없는 건 안 사요."

꽃 파는 여인

루시가 말했다.

"그래, 날 못 믿는구먼. 그렇다고 내 꽃을 뽑아서 보여 줄 순 없으니 이러면 어떻겠수. 일단 두 분께 200페세타씩 미리 받고 화분 두 개를 놓고 가리다. 두 분 말대로 진짜 뿌리가 없다면 내가 다음 주에 다시 왔을 때는 분명 말라 죽었을 게 아니우. 그러면 내 돈을 안 받지. 어떻수?"

뜻밖에도 꽃장수는 생떼를 부리지도 끈덕지게 들러붙지도 않았다. 그날은 대단히 시원스럽고 깔끔했다. 듣자하니 꽤나 합리적인 제안이라 루시와 나는 각각 200페세타를 내고 화분을 하나씩 받았다.

닷새 뒤에 루시가 나를 찾아와서 말했다.

"내 화분이 다 시들어 버렸어요. 아무리 물을 줘도 안 살아나요!"

"내 화분도 말라 비틀어졌어요. 그 꽃장수 이제 안 올 게 뻔해요."

그런데 꽃장수 노파는 약속한 날짜에 정확히 나타났다. 그리고 오자마자 자기 꽃이 어떻게 됐냐고 물었다.

"시들었어요, 미안하지만 200페세타 돌려주세요."

나는 노파에게 손을 내밀었다.

"아니니! 부인, 내 화분 값은 500페세타잖수. 말라 죽으면 내가 나머지 300페세타는 안 받겠다고 하지 않았수? 잘 얘기해 놓고 신용 없이 왜 이러시나?"

"그렇지만 제가 200페세타를 미리 드렸잖아요. 기억 안 나세요?"

"그랬지! 그런데 그때 내가 준 건 아주 푸릇푸릇한 화분이었잖수, 500페세타짜리! 200페세타만 냈으면 싸게 산 거지."

노파가 하는 말에 이리저리 내둘리며 또다시 혼란에 빠지고 말았다. 나는 얼떨떨한 얼굴로 물었다.

"아무튼 지금은 시들었잖아요. 말라 죽었다고요. 어쩌실래요?"

"어쩌긴 어쩌겠수, 도로 가져가야지. 부인 돈은 한 푼도 안 받고 말이우. 나는 신용을 지켰수다."

그러더니 꽃장수는 시든 화분을 안고 가버렸다. 남겨진 나는 손가락만 휘휘 돌리며 혼자 버벅거리고 있었다. 도대체 뭐가 어떻게 된 거지.

3라운드에서는 200페세타를 뜯기고 화분조차 건지지 못했다.

우리 집을 찾아오는 행상인 가운데 이 꽃장수 노파의 수완은 단연코 가장 악랄했다. 남자들은 대부분 이 노파와는 딴판이었다.

꽃 파는 여인

"부인, 안녕하세요! 달걀 필요하세요?"

"달걀 있어요. 며칠 있다 다시 오시겠어요?"

"네, 알겠습니다. 고맙습니다. 안녕히 계세요!"

가만 보면 남자 행상인들은 확실히 우직했다. 꽃장수 노파처럼 치근덕거리지 않으니 버는 돈도 훨씬 적을 것 같았다.

하루는 처음 보는 중년 남자가 문을 두드렸다.

"부인, 냄비 필요하지 않으세요?"

중병을 앓는 사람처럼 얼굴빛이 초췌했다.

"냄비요? 괜찮아요. 안녕히 가세요!"

나는 남자를 돌려보냈다.

그는 바보처럼 한 마디도 더 꺼내지 못했다. 그냥 고개를 꾸벅하더니 올록볼록한 냄비 무더기를 짊어지고 걸음을 뗐다.

풀 죽은 뒷모습을 보고 있자니 갑자기 후회가 밀려왔다. 창문을 열고 소리쳐 불렀지만 남자는 듣지 못했다. 나는 돈을 꺼내 들고 문을 잠그고 남자를 뒤쫓아 갔다. 그는 이미 저 아래 거리에 접어들고 있었다.

"이보세요! 냄비 좀 보여 주세요."

남자가 부른 값은 생각보다 훨씬 쌌다. 크고 작은 냄비 다섯 개짜리 세트가 화분 두 개 값도 안 됐다. 나는 돈을 건네며 말했다.

"이렇게 먼 길을 다니는데 시장 가격은 받으셔야죠."

"이만하면 충분히 남아요. 안녕히 계세요."

냄비 장수는 조심스레 돈을 챙겨 넣고 말없이 떠났다.

꽃장수 노파와 냄비 장수 남자, 이 정반대 부류 가운데 나는 당연히 후자를 좋아했다. 하지만 이런 행상인이 왔다 가면 한동안 마음이 울적했다. 꽃장수 노파를 대할 때처럼 후련하지가 않았다.

꽃장수 노파는 수시로 이 일대를 찾아와 꽃을 팔았고, 올 때마다 우리 집에서 들러 나를 한참 들볶다 갔다.

어느 날 아침 꽃장수 노파가 또 부엌 창밖에 나타나 나를 불렀다.

"부인, 꽃 안 사시우?"

"안 사요."

내가 소리쳐 대답했다.

"오늘 것은 아주 좋은데."

노파가 얼굴을 쑥 들이밀었다.

"좋든 나쁘든 믿을 수가 있어야죠. 됐어요!"

나는 고개를 숙인 채 채소만 씻고 있었다. 문은 안 열어 줄 작정이었다.

"에구구! 그러면 내가 작은 화분 하나 드리고 가리다."

노파가 난데없이 창문으로 아주 작은 봉숭아 화분을 들이밀었다. 나는 어안이 벙벙했다.

"됐어요. 가져가세요!"

창밖으로 고개를 내밀며 소리쳤지만 노파는 이미 저만치 멀어져 있었다. 기분 좋게 손까지 흔들어 보이며!

봉숭아 화분은 예쁘게 꽃을 피웠다. 공짜로 얻은 것인데 예상 밖이었다. 일주일이 지나도 끊임없이 꽃봉오리가 올라와 나는 매우 흡족해하며 정성스레 보살폈다. 다음번에 꽃장수 노파가 왔을 때는 내 태도도 절로 누그러져 있었다.

"꽃이 정말 예쁘게 피었어요. 이번에는 속임수를 안 쓰셨네요."

"나는 한 번도 속인 적이 없다우. 그동안 부인이 제대로 못 키워서 다 말라 죽은 거지. 내 잘못이 아니었수다."

노파가 득의만만하게 말했다.

"봉숭아 화분 얼마예요?"

"선물이우. 앞으로 여기저기 소개나 해주시우."

"그러시면 안 되죠. 작은 장사 하시면서 손해 보면 안 돼요. 돈 드릴게요."

300페세타를 갖고 나와 보니 꽃장수 노파는 이미 사라져 버렸다. 마음속에서 알 수 없는 호감과 미안함이 불쑥 솟구쳤다.

며칠 뒤, 집에 돌아온 호세는 집 안에 나타난 커다란 덩굴식물을 올려다보며 깜짝 놀라 소리쳤다.

"싼마오!"

"화내지 마. 이번에는 진짜 확실히 뿌리가 있더라고. 나도 모르게 사게 됐어."

내가 부랴부랴 해명했다.

"얼마야?"

"할부도 된대. 500페세타씩 네 번이면 끝나."

"작은 고기로 큰 고기를 낚으셨어, 엉! 요 쬐끄만 놈 하나 주고 저렇게 거대한 걸 팔아치워!"

호세는 봉숭아 화분을 움켜쥐었다. 그대로 벽에 내던질 기세였다.

나는 입을 딱 벌리고 멍청히 서 있었다. 그래, 맞아! 꽃장수는 여전히 내 돈을 뜯어간 거였어. 방법만 바꿨을 뿐이잖아. 그걸 왜 몰랐지? 아이고야!

"호세, 우리 세 가지 규칙을 정하자. 그 악독한 할망구가 오면 첫째, 문을 열지 않는다. 둘째, 창문을 열지 않는다. 셋째, 대꾸하지 않는다. 이 세 가지를 꼭 지켜야 아니면 또 당해. 소극적 저항이야. 명심해, 소극적 저항. 정면 돌파로는 도저히 못 이겨."

꽃 파는 여인

나는 호세와 나 자신에게 다시금 신신당부했다.

"말도 하면 안 돼?"

"안 돼."

내가 단호히 말했다.

"사탄의 꼬임에 넘어가지 않으리라."

호세가 중얼거렸다.

토요일 오후, 나는 낮잠을 자고 호세는 이웃집에 세탁기를 고쳐 주러 갔다. 한참 뒤에 돌아온 호세는 작은 봉숭아 화분을 들고 있었다.

"어어, 잉거가 준 거야?"

나는 얼른 꽃을 받아 들었다.

호세는 쓴웃음을 지으며 고개를 가로저었다.

"당신……."

나는 놀란 눈으로 호세를 바라보았다.

"그래, 맞아. 꽃장수 할망구가 잉거 집에 왔지 뭐야. 하……."

"호세, 당신 바보가 덜 됐어?"

나는 분노에 차 울부짖었다.

"나는 잉거하고 좀 서먹하잖아. 그런데 그 할망구가 잉거 앞에서 계속 불쌍한 척 우는소리를 하는 거야. 그러다가 난데없이 나한테 오더니 화분 하나를 또 주겠대. '내내' 그랬던 것처럼."

"그 할망구가 '내내'라고 했어?"

"생각해 봐, 우리가 그 딱한 노인네를 등쳐 먹는다고 잉거가 오해할 상황이잖아. 어쩌겠어, 주머니에서 돈을 꺼내 줬지."

"호세, 정면 돌파는 안 된다고 내가 누누이 일렀잖아."

"오늘은 나한테 온 게 아니라 잉거를 찾아온 거였어. 난 그냥 세탁기 고치다가 얼결에 한 방 먹은 거야."

"세상에서 가장 위대한 외판원에게 당신이 감히 상대가 되겠어, 호세?"

내가 가만히 물었다.

호세는 낭패스러운 얼굴로 고개를 흔들며 몸서리를 치더니 현관문을 걸어 잠갔다. 그리고 슬쩍 창밖을 내다보며 조심스레 물었다.

"우리가 감히 그 천재를 다시 상대할 수 있을까?"

"어찌 감히! 못 해!"

나는 소리를 꽥 지르며 머리를 감싸 쥐었다. 창밖에는 눈길조차 주지 않았다.

그날부터 그 위대한 꽃장수는 두 번 다시 우리를 볼 수 없었다. 우리는 줄곧 커튼 뒤에 숨어 부들부들 떨며 위풍당당한 그분의 풍채를 우러르고 있었으니!

수호천사

 크리스마스를 며칠 앞둔 어느 날, 이웃집 아이가 마분지로 만든 천사를 선물로 주었다.
 "이건 가짜예요. 세상에 천사가 어디 있담. 그냥 종이로 만들었어요."
 우리 집 울타리 문에 팔을 걸친 토미가 마당 밖에서 말했다.
 "천사란 건 진짜로 있어. 나만 해도 둘이나 있는걸."
 나는 아이에게 윙크를 하며 진지하게 말했다.
 "어디요?"
 토미는 의심과 호기심이 뒤엉킨 얼굴로 나를 쳐다보며 물었다.
 "지금은 볼 수가 없단다. 너랑 나랑 몇 년만 일찍 알았으면 좋았을걸. 그때 난 천사들하고 같이 살았거든."

나는 아이의 머리카락을 잡아당겼다.

"어디서요? 지금은 천사들이 어디 사는데요?"

토미가 열심히 캐물었다.

"저기, 저 별 아래 살아."

"참말이죠, 거짓말 아니죠?"

"그럼."

"천사가 진짜 있다면 어떻게 헤어질 수가 있죠? 역시 속임수야."

"그땐 나도 몰랐어. 알지도 느끼지도 못했지 뭐니. 천사 둘이서 날 지켜 줬는데. 밤에도 안 자고 지켜 줬어!"

"천사랑 같이 살면서도 모르는 사람이 어디 있어요?"

"엄청 많아. 거의 다 나처럼 몰라."

"다 애들이에요? 천사는 왜 애들만 지키지?"

"그건 말이야, 하느님이 아이들을 천사에게 맡기기 전에 천사 심장을 애들 몸속에 몰래 넣어 놨거든. 그래서 천사는 아이를 만나기도 전부터 자기가 지킬 아이의 심장 뛰는 소리를 듣고 감동해서 울기 시작해."

"천사가 슬퍼해요? 천사가 운다고요?"

"천사가 얼마나 잘 우는데. 자기가 지키는 아이를 너무너무 사랑해서 평생 우는 천사도 있어. 눈물이 줄줄 흘러도 닦을 수가 없단다. 날개로 아이를 감싸고 있느라고. 손수건을 찾는 1초도 아까운 거야. 아이가 비바람에 감기라도 들까 봐."

"엉터리, 그런 바보 같은 천사가 어디 있담."

토미는 웃음을 터뜨리며 울타리에 매달려 명랑하게 몸을 흔들었다.

"어느 날 천사들이 지켜 주던 아이가 드디어 어른이 되지. 그러면 아이는 천사에게 이렇게 말해. 갈게요! 제발 따라오지 마세요, 짜증 나요."

"천사는 뭐라고 해요?"

"뭐라고 할까? 아무 말도 안 해. 천사 둘이서 눈길을 한번 주고받을 뿐이야. 그리고 자기들 물건 가운데 가장 훌륭하고 귀중한 걸 몽땅 아이에게 내준단다. 그러면 아이는 보따리를 싸서 뒤도 안 돌아보고 가버려."

"그럼 천사는 문 잠그고 막 울겠네요?"

"울 틈도 없어. 천사들은 아이를 보려고 더 높은 곳으로 서둘러 날아간단다. 아이는 점점 걸음이 빨라지고 천사들한테서 멀어지지만 늙은 두 천사는 있는 힘을 다해 높이높이 날아올라. 마지막까지 아이를 지켜보고 싶어서. 아이는 작은 점으로 변하고 마침내 사라져 버리지. 그제야 두 천사는 천천히 집으로 돌아와 문 닫고 불 끄고 깜깜한 어둠 속에서 가만히 눈물을 흘린단다."

"아이는 어디로 간 거예요?"

"그건 별로 안 중요해. 늙은 두 천사가 딱하지. 아이를 잃고 심장까지 잃었거든. 날개를 펴고 지켜 줄 아이가 없으니 이제 좀 편히 쉬면 되지 않겠냐고? 하도 오랫동안 펼치고 있었더니 날개가 딱딱하게 굳어 버렸지 뭐니. 다시는 접을 수가 없게 됐어."

"가버린 아이는요? 설마 자기를 지켜 주던 천사를 보고 싶어 하지도 않아요?"

"아! 비바람이 몰아치면 저절로 따뜻했던 날개 밑이 떠오르지. 그리워서 한바탕 울기도 하고!"

"아줌마 얘기는, 그러니까 걔는 날개의 좋은 점만 그리워한다는 거죠? 천사들이 진짜 보고 싶은 게 아니라?"

토미가 던진 이 말에 나는 한참을 멍하니 서 있었다. 토미가 만들어 준 종이 천사를 손에 쥔 채 황혼이 내려앉은 바다만 바라볼 뿐 아무 대답도 할 수 없었다.

"나중에는 진정으로 천사들을 그리워하게 될 거야."

내가 느릿느릿 말했다.

"언제요?"

"영원히 돌아갈 수 없다는 걸 알게 된 그날부터. 그때부터 아이는 밤이든 낮이든 늙은 천사들이 보고 싶어 어쩔 줄 몰라."

"왜 못 돌아가는데요?"

"집 떠난 아이가 어느 날 아침 눈을 떴는데 자기도 날개가 생겨난 거야. 자기도 천사로 변하고 있는 거지."

"날개가 생기면 좋잖아요. 집으로 날아가면 되는데!"

"아직 날 수가 없어. 비바람을 막아 주는 데 쓰는 날개지 나는 데 쓰는 날개가 아니거든."

"날개 밑에 뭐가 있어요? 새로운 천사도 늙은 천사들하고 똑같은 일을 해요?"

"그래, 똑같아. 날개 밑엔 작은 집이 있고 그 집에는 새로운 아이가 있어. 새로운 천사도 똑같이 사랑하고 똑같이 눈물을 흘린단다."

"그런 천사가 되면 너무 힘들겠다!"

토미가 진지하게 결론을 내렸다.

"무지 힘들지. 그런데 천사들은 그 일을 가장 행복하게 여긴단다."

꼼짝 않고 나를 빤히 쳐다보던 토미가 또 물었다.

"그러니까 아줌마한테는 진짜 그런 천사들이 있었단 말이에요?"

"있었고말고."

나는 고개를 연신 끄덕였다.

"그런데 왜 천사들한테 가서 같이 안 살아요?"

"아까 말했잖아. 영원히 돌아갈 수 없게 되고서야 자기들도 알고 보니 천사라는 걸 깨닫거든. 그전에는 몰라."

"무슨 소린지 모르겠어요!"

토미가 어깨를 으쓱했다.

"너도 언젠가 알게 돼. 크면 말이야. 지금은 말해도 모를 거야. 어느 날 토미 엄마 아빠가……."

토미가 갑자기 내 말을 뚝 끊으며 소리쳤다.

"우리 아빠는요, 낮에는 은행에서 일하고 밤에는 학교에서 뭘 가르쳐요. 집에 있질 않아요. 우리랑 놀아 주지도 않고요. 우리 엄마는 하루 종일 밥하고 빨래하고 청소하고 맨날맨날 야단만 쳐요. 우리 엄마 아빠는 진짜 하나도 하나도 재미없어요."

여기까지 말했을 때 토미 엄마가 집 앞에 나와 부르는 소리가 들려왔다.

"토미, 얼른 와서 저녁 먹자. 어디 있니?"

"저것 보세요, 잔소리 잔소리 잔소리. 아침부터 밤까지 밥 먹어라 밥 먹어라, 지겨워 죽겠어요."

토미는 울타리에서 폴짝 뛰어내리더니 나에게 고개를 꾸벅하고는 입속말을 하며 집으로 달려갔다.

"나도 아줌마가 말한 천사 두 명이 있으면 얼마나 좋을까. 하긴 그런 행운이 올 리가 없지."

토미, 지금 네가 어찌 알겠니. 너도 나중에 알게 될 거야. 그때는 너무 늦었겠지만.

상사병

 텔레비전 방송 종료를 알리는 단조로운 신호음마저 멈추자 심장 박동도 정상으로 돌아왔다. 나는 자리에서 일어나 살그머니 텔레비전을 껐다. 이 특별한 밤의 마지막 들러리마저 사라지고 집 안은 한순간에 정적에 휩싸였다.

"잔다."

 한마디 던지고 방으로 들어가 털썩 누웠다. 이불을 푹 뒤집어쓰고 눈만 내놓은 채 천장을 뚫어져라 바라보았다.

 창밖에서 버드나무가 흐느끼듯 일렁거렸다. 밤은 더더욱 속절없고 공허해 보였다. 커튼을 통과한 복도의 불빛이 차가운 벽에 옅은 빛을 드리웠다. 이 밤도 별 수 없구나, 나는 베개에 얼굴을 파묻고 한숨을 푹 쉬었다. 눈을 감으려는 찰나에 누군가 앞마당 울타리 문을 밀고 들어오는 소리가 들려왔다.

"호세! 싼마오!"

이웃집 잉거가 우리를 소리쳐 부른다.

"쉿, 조금만 조용히요. 싼마오가 막 자러 들어갔거든요."

호세가 재빨리 거실 문을 열면서 나직이 말하는 소리가 들린다.

"웬일로 이리도 일찍 잔대요? 평소에는 동이 터야 자러 가더니."

잉거가 살그머니 묻는다.

"좀 안 좋아요."

호세가 조용히 대답한다.

"또 아파요?"

놀라움을 억누르는 목소리다.

"별일 아니에요. 내일이면 좋아질 거예요."

"어디가 아픈데요? 어떻게 내일이면 바로 좋아져요?"

"일단 들어오세요!"

문 닫는 소리.

"접시 돌려주러 왔어요. 어제 싼마오가 우리 애들한테 간식을 줬거든요. 그런데 어쩌다 아프대요? 어제만 해도 아주 멀쩡했는데."

상사병

잉거가 재차 묻는다.

"이 병으로 제정신이 아닌 지 일주일째예요. 오늘이 마지막 하루네요. 딱 내일이면 틀림없이 좋아져요."

"어떻게 된 건데요?"

"속병인데 1년에 한 번씩 도져요, 아주 정확하게."

"심장병인가? 그럼 큰일인데! 병원은 가봤어요?"

"갈 필요 없어요, 호호호!"

호세가 낮게 웃기 시작한다.

"심장은 멀쩡하고요, 뭐냐면…… 상사병이에요."

또 흐흐거리는 호세.

"친정 생각나서 그러나?"

"아니에요."

"설마 바람난 거예요?"

잉거의 호기심 어린 목소리가 또 나직하게 들려온다.

"사랑에 빠진 건 맞아요. 사랑 때문에 넋이 나가서 밥도 안 먹고 잠도 안 자고, 울다가 웃다가, 한숨을 푹푹 쉬다 고개를 절레절레 흔들다 덩실덩실 춤을 추다, 온갖 감정이 뒤엉켜 미친 듯이 날뛴 지 며칠 됐어요. 이러니 어찌 병이 안 나요?"

"호세, 상태를 보아하니 당신한테 빠진 건 아닌 것 같은데요?"

잉거가 다시 캐묻는다.

"저한테요? 농담이죠? 나한테 빠진다…… 하하하하!"

"호세, 왜 이래요. 아내가 변심했는데 웃음이 나요?"

"괜찮아요. 싼마오는 오늘 차인 걸 알았거든요. 벌써 조용히 자러 갔어요. 내일이면 정신 차릴 거예요."

"1년에 한 번씩 이런다고요? 감당이 돼요?"

"싼마오는 다른 녀석한테 빠졌어요."

간단한 대답이다.

"평소엔 둘 사이가 정말 좋아 보였는데, 이럴 수가……."

"잉거, 오해하지 마세요. 싼마오는 사랑에 목숨 건 적이 없는 사람이에요. 당신처럼 남편하고 아이가 인생의 전부가 아니에요. 싼마오라는 여자 머릿속에는 늘 야생마가 날뛰어요. 저는 그 사람 인생에서 아주 작은 부분밖에 안 돼요."

"이런 거 물어봐도 될까 모르겠는데, 싼마오가 미치도록 빠지는 상대가 해마다 바뀌어요, 아니면 계속 똑같아요?"

"아! 상대는 그대로예요. 싼마오는 겨울이 오면 천천히 미쳐 가는데 날이 추워질수록 심해져요. 마지막 며칠은 단꿈이 진짜로 이뤄지는 줄 알고 기쁨의 눈물까지 주룩주룩 흘린다니까요. 그렇지만 어김없이 차이고는 혼자 자러 가죠. 하룻밤만 지나면 상처가 다 아물고 좋아져요! 그렇게 또 내년을 기다리는 거죠."

"뭐 그런 별스러운 사람이 다 있담, 도대체가……."

"앉아서 한잔하고 가시죠! 앵두술 어때요?"

"싼마오 깨는 거 아니에요?"

잉거가 목소리를 낮춘다.

"안 깨요. 오늘 같은 날은 아주 깊이깊이 잠들거든요. 일주일간 아예 잠을 안 잤어요. 기를 쓰고 버티면서."

호세가 또 말한다.

"사실 싼마오가 사랑에 빠져 제정신이 아닌 건 맞는데, 상대가 사람이 아니에요. 잉거, 오해했죠?"

"아니, 그렇게 생생하게 이야기하는데…… 그러니까 자연히……."

"아! 그게 싼마오를 꼼짝없이 홀렸어요. 다른 놈한테 빠진 것보다 더 끔찍해요!"

"그게 대체 뭔데요?"

"7500만 페세타요."

"뭐라고? 어딨어요?"

자제력을 잃고 꽥 소리를 지르는 잉거.

"그러니까 그게……."

잉거는 민망한 듯 변명하려 한다.

"실상은 별거 아니에요. 해마다 크리스마스가 다가오면 싼마오는 1년 동안 죽어라 채운 벙어리저금통을 깨요. 그 다음 깨끗한 수건으로 동전들을 반질반질하게 닦고 하나하나 세어서 백지로 한 뭉치씩 싸서 잘 묶어요. 은행에서 하는 것처럼요. 아주 입 맞추고 절이라도 할 기세예요……."

"호세한테 줄 선물 사려는 건가?"

"아니에요. 좀 더 들어 보세요…… 싼마오는 돈이 아까워서 도대체 뭘 사질 않아요. 먹고 입는 데도 통 신경을 안 쓰고요. 동전을 그렇게 잔뜩 쌓아 두고 겨우 400페세타짜리 크림케이크도 안 사준다니까요. 1년 동안 벙어리저금통 세 개를 꽉 채워 1만 페세타쯤 모으면 그놈의 환상이 얼굴을 내밀죠. 싼마오는 계산기를 꺼내 미친 듯이 두들기면서……."

"뭐 하는 거래요? 1만 페세타가 맞는지 확인하는 건가?"

"복권 사려는 거예요. 그 동전 더미는 싼마오의 미끼죠. 1등 당첨 복권만 낚겠다고 얼마나 고집스럽게 구는지."

호세가 이야기를 이어 간다.

"계산기로는 당첨 확률을 계산하는 거예요. 한 번 두들길 때마다 숫자 배열이 무수히 쏟아지죠. 그리고 복권 추첨 바로 전날에 1만 페세타를 딱 맞춰서 나를 붙잡고 복권 판매소로 직행하는데, 이때부터 병이 확 도져요. 얼굴이 하얗게 질리고 다리를 후들후들 떨면서 눈을 질끈 감고 저를 사람들 틈바구니로 힘껏 떠밀어요. 그리고 한 마디 말도 없이 밖에서 기도하고 있어요. 제가 겨우겨우 복권 열 장을 쥐고 사람들을 헤치고 나오면 싼마오는……."

"기절?"

"그건 아니고…… 당장 휴지를 꺼내요. 깨끗한 휴지에 숫자들을 엄청나게 적어 왔거든요. 자기가 계산한 번호가 복권에 있나 없나 확인하는데, 깨알같이 빽빽이 적어 왔으니 몇 개는 비슷하게 마련이죠. 그러면 그 낯 두꺼운 여자는 글쎄 사람들 앞에서 복권에 입을 맞춘다니까요. 그러고 나서 조심조심 가방에 넣어요."

"우와, 정말 진지하네요!"

"심하게 진지하죠. 제가 이랬어요. '싼마오, 돈을 이렇게 숭배하듯 진실을 흠모했으면 지금쯤 반은 성인聖人이 됐겠다.' 그러니까 뭐랬는지 아세요? '복권도 하느님이 존재하도록 허락한 물건이야. 돈은 하느님이 세상 사람에게 가르쳐 준 교역 수단이고. 범법 행위가 아니라고. 게다가 돈은 세상에서 가장 섹시하고 가장 매혹적이고 가장 고결한 물건이야.' 이러면서 자기는 다른 사람은 감히 입 밖에 못 내는 말을 턱턱 하는 것뿐이래요."

밖에서 잉거가 코 푸는 소리가 들려온다. 호세의 입담에 감동한 나머지 눈물이라도 흘린 걸까?

"싼마오가 복권을 샀다는 데까지……."

진짜로 울었나, 잉거의 코맹맹이 소리가 갑자기 심해진다.

"복권이라고 해야 하나, 싼마오는 지갑 속에 그 종이쪼가리 열 장을 넣어 놓고 제정신이 아니에요. 커다란 농장이 손에 들어온 줄 안다니까요!"

"농장이요?"

"그래서 제가 일깨워 줬죠, 1등에 당첨돼서 7500만 페세타를 받아도 그걸로 스페인에서 농장을 하기엔 턱도 없다고요."

"농장 때문에 돈이 필요한 거였군요."

"그랬더니 금세 말을 바꾸네요. 누가 스페인에서 한다고 했냐고, 베로니카 부부가 남미 파라과이에서 부동산을 해서 거기다 물어봤대요. 60만 평을 사기로 벌써 얘기해 놨고 크리스마스 지나면 정식으로 답을 듣기로 했다나……."

"싼마오가 그렇게 말했다고요?"

"그것뿐이 아니에요. 그때부터 날마다 옆집 그 정원사 영감님만 넋 놓고 보면서 혼자 중얼중얼이에요. '안 돼, 너무 늦었어, 같이 가려고 안 할 거야.' 그러곤 방에 들어가서 축산학, 수의학 입문, 목초 재배법 같은 책들을 막 들고 나와요. 1년에 한 번씩 꺼내는 셈이죠. 그리고 커다란 파라과이 지도 위에 책들을 죽 늘어놓고 자기도 와불처럼 지도 위에 벌러덩 누워요."

"끌고 나가서 산책이라도 하면 나아질지도 몰라요. 바람 좀 쐬면 정신 차리지 않을까요?"

잉거가 제안한다.

"산책은커녕 이제 바닷가도 안 가요. 그러면서 그 카나리아 사람 토마토밭은 한참을 돌아가야 되는데도 얼마나 쏜살같이 달려가는지. 4~5킬로미터 길을 말이에요. 날마다 토마토밭 주인네 작은 집 앞에 쪼그리고 앉아서 온갖 수다를 떨고 마른 염소 똥으로 거름 만드는 것도 돕고. 깜깜해질 때까지 그러고 앉아 집에 올 생각을 안 해요."

"시골 사람하고 무슨 얘기를 할까?"

"무슨 얘길 하겠어요? 씨 뿌리고 수확하고 벌레 잡고 거름 주는 얘기죠. 날씨가 어쩌고 흙이 어쩌고…… 끝이 없어요."

"싼마오는 바로 당첨될 거라고 생각했나 봐요?"

"생각한 게 아니고 이미 정신이 홀라당 나갔어요. 땅 살 돈이 아예 마음속에 꽉 박혀 있다니까요. 어떻게 꺼내서 농장에 쓰느냐, 이게 문제인 거죠. 또 이러데요. '호세, 그 토마토밭 식구들도 파라과이에 데려가자. 3만 평을 맡겨서 같이 경작하는 거야. 아주 성실하고 듬직해. 괜찮은 사람들이야.' 그 말에 제가 코웃음을 치면서 대꾸했죠. '나한테 뭐 하러 말해. 배표까지 다 샀잖아?' 그랬더니 침대에서 벌떡 일어나 서재로 달려가 부스럭부스럭 서랍을 뒤지더라고요. 그리고 여객선 운항표를 한 다발 들고 나오는 거예요. 하느님 맙소사…….”

"운항표를 전부요?"

"그럼요, 몽땅 다요. 싼마오 말로는 이탈리아 여객선은 한 달에 한 번, 독일 여객선은 두 달에 한 번 배편이 있대요. 이등선 가격은 1인당 미화 400달러에 식사 포함이라네요. 아르헨티나에 들러 중형 지프 두 대를 실어야 되는데 수입세가 12퍼센트밖에 안 된대요. 승용차는 무려 120퍼센트라나. 젖소는 아르헨티나에서 사서 파라과이로 보내면 된대요. 이 모든 걸 아주 또박또박 말했어요."

"상태가 심각한데요. 정신과 진료 받을 생각은 안 해봤어요?"

"어디 겨를이 있어야죠. 엊그제만 해도 제가 잠깐 못 챙긴 틈에…… 나갔다 와보니까 우리 집 거실에 누가 앉아 있었는지 아세요?"

"누구요? 의사?"

"의사면 다행이죠! 의사 부를 정신이 있으면 환자가 아니죠! 윗동네에 그 독일 상인 있잖아요, 아프리카 각지에 대형

기계를 파는 사람. 그 사람을 불러다 소파에 떡 앉혀 놨지 뭡니까."

"싼마오가 가서 불러왔대요?"

"당연하죠! 응급 진료 의뢰하듯 데려와서는 둘이서 독일어로 재잘재잘 떠들고 있더라고요. 제가 다가가서 보니까 탁자에 불도저 사진하고 샘플이 잔뜩 쌓여 있는데 싼마오가 주의 깊게 살피다가 한 대를 골라내는 거예요! 글쎄 1700만 페세타짜리 기계 사진을 만지작거려요. 제가 황급히 말렸죠. '싼마오, 우린 불도저는 필요 없어. 우리 땅은 300평밖에 안 돼, 손으로 파도 충분해!' 그랬더니 그 독일 상인이 저를 사납게 노려보더군요. '거 참 이상하네요, 호세 씨. 부인 말씀으로는 원시림 60만 평을 깨끗이 갈아엎어야 한다던데. 지금 어디서 어떻게 물건을 받을지 의논하고 있는데 필요 없다니요?' 마치 제가 다 된 밥에 재라도 뿌리고 있다는 것처럼요."

호세의 목청이 점점 높아진다.

"그러니까 싼마오는 크리스마스 지나서 확답을 주겠다고, 이번에 못 사게 되면 내년에라도 사겠다고 흰소리를 해대는 거예요. 저는 옆에서 진땀을 뻘뻘 흘렸죠. 그 낯선 사람이 싼마오를 정신병자로 보지 않을까 싶어서요."

호세가 한숨을 쉬며 잉거에게 하소연을 늘어놓는다.

"그놈의 복권을 어찌나 열렬히 사랑하는지 몰라요. 자기만 안 자는 게 아니라 옆 사람도 밤잠을 못 자게 해요. 눈 좀 감으면 얼굴을 찰싹찰싹 치면서 이래요. '호세, 작은 발전기는 여기서 가져갈까, 아니면 거기 가서 다시 살까?' 겨우 몇 초 잠들었나 싶으면 또 수염을 잡아당겨요. '한 10만 평은 씨 없는 수박을 심는 게 어때? 남미에도 씨 없는 수박이 있으려나?' 참다못해 서재로 피하면 벽을 쾅쾅 쳐요. '젖소 스무 마리를 키우려면 목초지가 얼마나 필요하지? 소가 맥주도 마시나? 음악은 안 듣나? 돼지도 기를까? 검은 돼지가 좋아, 하얀 돼지가 좋아?' 이렇게 밤이나 낮이나 농장 타령이에요. 복권은 병 속에 밀봉하고, 그 병을 다시 비닐봉지로 싸고, 욕조에 물을 채워 병을 거기다 넣어 놔요. 복권 당첨 전에는 목욕도 못 하는 거죠. 이러면 불이 나도 7500만 페세타가 화염에 사라지는 일은 없을 거라나……."

"너무 심각한데? 왜 여태 몰랐지?"

기겁한 잉거. 그대로 내빼려는 낌새다.

"며칠 전에 밀란 부인이 아기가 나올 것 같다고 한밤중에 저를 불렀어요. 시내 병원에 차로 데려다주고 오니까 날이 훤히 밝았더라고요. 그제야 꿈속이라는 걸 알았죠. 글쎄 싼마오가 저를 미친 듯이 꼬집으며 고래고래 소리를 지르고 있지 뭐예요. '암소가 난산이야! 빨리 수의사 불러!' 게다가 비둘기도 기르시겠다며 어느 날 밤에 또 슬금슬금 다가와 수작을 부려요. '거기는 황무지니까 몇 마리는 수의사에게 보내서 훈련시켜 오자. 동물들이 병이 날 때 전서구로 쓰는 거야. 수의사가 편지를 받으면 우리 소랑 양을 구하러 쏜살같이 달려오겠지. 까먹지 않게 일단 적자.'"

"쯧쯧쯧쯧, 미쳐도 머리는 잘 돌아가네!"

잉거가 탄식한다.

"아니, 미쳤다니요! 싼마오는 제 아내라고요. 그렇게 말씀하시면 제 기분이 안 좋죠!"

호세가 갑자기 나를 두둔한다.

"사실이 그렇잖아요…… 호세 당신은 그렇게 말하면서 왜 남들은 안 된대요?"

"제 얘기나 들으세요!"

"듣고 있어요! 계속하세요!"

"또 뭐랬더라? 아유, 며칠간 얼마나 종알종알 떠들어댔는지 기억도 다 못 하겠네. 중국어까지 했는데…… 무슨 홍옥당紅玉堂, 적화응赤花鷹, 벽력양霹靂驤, 설점조雪點鵰……."

"그게 다 뭐래요?"

"저도 똑같이 물어봤죠. '그게 다 뭐야?' 싼마오는 저는 돌아보지도 않고 기쁨에 겨워 눈물이라도 쏟을 듯한 얼굴로 이러는 거예요. '말이야, 말! 말 이름도 못 들어 봤어? 다 내가 탈 말이야!'"

호세는 계속해서 이야기를 늘어놓는다.

"이 사람이 정신은 나갔어도 마음까지 맛이 가진 않았더라고요. 타이완 식구들하고 마드리드에 있는 우리 형제들은 기억하데요. '남자들은 일 그만두고 가라테를 배우라고 해야지. 두 집안 모두 파라과이로 이민 가는 거야. 농장에는 일손도 필요하고 파수꾼도 세워야 돼. 총 열 자루 준비해서 쿵푸 하는 남동생 둘한테 야간 순찰을 맡기자. 누이들에게는 닭 치는 일, 어머니들께는 요리, 아버지들께는 장부 관리와 농장 감독을 부탁하고.' 그러고 또 저를 불러요. '호세, 황무지 개간할 때 큰 나무 하나는 남겨 놔. 기다란 식탁 만들게. 다 같이 밥 먹으려면 상이 커야 돼. 엄마한테 커다란 중국 솥도 잊지 말고 가져오라고 해야지.'"

"헛소리가 너무 심한데요. 죽을 때가 다 됐나 봐요!"

"사람이 죽을 때가 되면 착해진다더니…… 싼마오, 참 귀여운 여자예요."

"호세, 이런 상사병으로 죽을 수도 있나요?"

"죽을 리가 없다는 게 문제죠. 내년에 또 때가 되면 싼마오는 관을 박차고 나와 복권 사러 갈걸요!"

"정신과 의사가 필요하면 말해요. 제가 한 명 알거든요. 비용도 적당하고……."

"의사가 와서 봐주면 참 좋겠네요. 싼마오가 자기 증상을 아주 분명하게 그려 놨거든요. 여기요, 보세요."

"아니, 이게 농장 청사진이었어요? 어느 집 꼬마가 그린 그림을 벽에 붙여 놓은 줄 알았네."

"집은 작은 언덕 위에 있어요. 수십 칸짜리 목조 주택이죠. 소와 돼지를 기를 축사는 바람이 잘 통하는 곳에, 닭은 좀 떨어뜨려 키운대요. 닭 콜레라가 걱정된다나요. 농장 진입로는 하나밖에 없어요. 네 명이 총을 들고 지켜야 하니까 저더러 우두머리를 하라네요. 창고 주변은 아무것도 안 심고 비워 놓는대요. 불나면 밀이 다 탈까 봐요. 이쪽엔 옥수수, 저쪽엔 콩을 심고 외양간 근처에는 꿀밭도 마련하겠답니다. 물길은 사방으로 통해야 되고 작은 둑으로 강 상류를 막는대요. 집 뒤쪽에는 과일나무가 있어요. 농장 바깥쪽 숲하고는 지하 터널로 연결되는데 밤에 처남들이 개를 데리고 순찰할 거래요. 채소는 내다 팔 건 아니고 우리가 먹을 만큼만 기르고요. 마구간은 밤에 사람이 지켜야 되지만 양 떼는 괜찮아요. 양치기 개가 있어서……."

"맙소사! 복권에 당첨됐는데 즐기진 않고 뭐 그리 할 일을 잔뜩 만든담? 농장의 노예라도 되려고요?"

"어허! 농장에도 한가로운 시간이 있지요. 해 질 무렵 저녁 밥을 먹고 나면 다 같이 마루에 둘러앉아요. 처형은 거문고를 연주하고, 싼마오는 어깨를 드러낸 하얀 드레스를 입고 머리를 늘어뜨린 채 흔들의자에서 흔들거리고 있어요. 황혼 속에서 레몬주스를 마시며 음악을 감상하죠. 그러면 2층 창가에서 장모님이 몸을 내밀고 소리치세요. '둘째야, 얼른 들어와라. 날이 차다……'"

"그림 같아요……『바람과 함께 사라지다』속 풍경이네……."

"그렇죠, 딱이죠……."

취한 듯 달콤하게 늘어지는 호세의 목소리.

"언제 떠나요? 싼마오가 어째 난 안 불렀을까? 이렇게 좋은 곳이 있으면 우리도 데려가야지, 친구인데……."

내 상사병이 어느새 잉거에게도 옮아갔구나. 얼른 옷을 걸치고 나가 보니 호세와 잉거가 커다란 소파에 앉아 있었다. 몸은 흔들의자에 앉은 듯 흔들흔들, 눈길은 아득히 먼 꿈나라에 쏠린 채. 제대로 넋이 나간 모습이었다.

나는 말없이 욕실로 가서 젖은 수건 두 장을 들고 나와 두 사람 이마에 하나씩 얹어 주었다. 라디오를 켜자 뜻밖에도 복권 당첨 번호가 방송되고 있었다.

고개를 돌려 보니 호세가 50페세타 동전 하나를 벙어리저금통에 짤그랑 떨어뜨리고 있었다.

라디오는 이제 음악 방송으로 바뀌었다. 프랭크 시나트라가 부르는 옛 노래가 천천히 흘러나왔다. "분수 속에 떨어진 동전 세 개, 하나씩 하나씩 희망을 담고……."

헛된 꿈을 꾸는 어리석은 이, 이 집에서 나 하나뿐이 아니었구나.

작은 거인

　다니엘을 처음 만난 날은 보름달이 둥실 떠오른 밤이었다. 집 근처를 홀로 거닐다 보니 어느새 10시가 훌쩍 넘어 있었다. 바닷가 돌계단을 종종걸음 치며 올라가 큰길에 접어들려는 참이었다. 새까만 어둠 속에서 난데없이 커다란 셰퍼드 한 마리가 소리 없이 달려들더니 두 발로 내 어깨를 훌쩍 딛고 서서 뜨거운 입김을 훅훅 내뿜으며 씨근거렸다. 이 돌발 사태에 혼이 빠질 만큼 놀란 나는 날카로운 비명을 지르며 그 자리에 얼어붙고 말았다. 사람과 개가 그렇게 대치하고 있는데 뒤에서 누군가 헐레벌떡 쫓아와 개의 이름을 부르며 나직이 꾸짖었다. 개는 그제야 발을 내리고 주인과 함께 가버렸다. 부들부들 떠는 나는 암흑 속에 그대로 남겨 둔 채.

"야! 이 예의도 없는 놈아, 너네 개 때문에 간 떨어질 뻔했잖아! 사과도 안 하냐?"

뒤에서 욕을 퍼부었지만 그 사람은 대꾸도 없었다. 자세히 보니 사내아이의 뒷모습이었다. 달빛 아래 곱슬머리가 홍당무처럼 붉게 빛났다.

"버르장머리 없는 꼬마 녀석!"

나는 또 한 마디 내뱉고서야 천천히 돌아섰다.

"어느 집 빨간 머리 녀석이 그렇게 큰 셰퍼드를 키우죠?"

이웃과 수다를 떨다가 무심결에 말이 나왔지만 그 아이를 아는 이는 아무도 없었다.

어느 날 한 친구가 찾아와서 물었다.

"싼마오, 위쪽 거리에 사는 스위스 사람이 집안일을 도와줄 사람을 구한대. 아침에 가서 청소하고 빨래하고 점심까지 해 주고 오후 한 시면 끝난다는데. 한 달에 150달러래. 넌 아이도 없으니 가서 돈 좀 벌지 그래?"

그때 나도 만성 부인병이 생긴 터라 이 파출부 일이 썩 당기지 않았다. 호세에게 의견을 물으니 무턱대고 반대했다. 나는 스위스 사람이 누구인지는 알지도 못한 채 그냥 거절하고 친구를 돌려보냈다.

얼마 뒤에 나는 수술을 받으러 병원에 입원했다. 주치의와

한담을 나누던 중 그가 무심코 이런 이야기를 했다.

"신기하네요. 제 환자 한 분도 그 근처에 사시는데 정말 기적 같은 분이에요. 작년에 간암으로 서너 달밖에 안 남았다는 진단을 받았거든요. 그러니까 가족들이 죽더라도 퇴원해서 집에서 같이 지내다 보내 줄 거라고 고집을 부렸어요. 그런데 8~9개월이 지났는데 멀쩡히 살아 계세요. 열두 살짜리 아들이 고생이 막심하죠. 아버지는 두 다리를 못 쓰지, 어머니는 간암 말기지, 부모님 수발에 집안 살림까지 그 아이 혼자 떠맡고 있어요."

"누구네 집 얘기죠? 난 왜 몰랐을까?"

"후터 씨라고 스위스 사람이에요. 아들은 머리가 새빨개요. 꼭 타오르는 들불처럼요."

"아!"

순간 사정을 알아차린 호세와 내가 동시에 소리쳤다. 바닷가에 늘 혼자 있던 그 아이였구나. 어째 생각을 못 했을까.

이렇게 후터 가족을 알고 나자 묘하게도 그 아이가 자주 눈에 띄었다. 시장에서는 물론 우체국이나 약국에서도 툭하면 마주쳤다.

"안녕! 네 성이 후터 맞지?"

어느 날 나는 후터 씨네 집 앞에 차를 세우고 그 애에게 인사를 건넸다.

아이는 고개만 끄덕일 뿐 말이 없었다.

"너희 집 개 때문에 얼마나 식겁했다고!"

여전히 말이 없기에 나는 그만 떠나려 했다.

그때 마당에서 여자 목소리가 들려왔다.

"다니엘, 누구랑 얘기하는 거니?"

아이는 돌아서서 안으로 뛰어 들어갔다. 시동을 걸고 출발하려는데 문이 다시 열렸다.

"잠깐만요. 저희 어머니께서 잠깐 들어와 주셨으면 하세요."

"다음에 다시 올게! 우리는 요 아래 살아. 또 보자!"

다음 날 오후, 창문을 똑똑 두드리는 소리가 나기에 내다보니 그 빨간 머리 사내아이가 고개를 수그리고 서 있었다.

"어! 다니엘 맞지? 어서 들어와!"

"저희 부모님께서 차 한잔 같이하고 싶어 하세요. 와주시겠어요?"

아이는 또박또박 신중하게 할 말을 했다. 쓸데없는 얘기는 한 마디도 없었다.

"좋아, 먼저 가 있으렴. 금방 갈게."

문을 밀고 다니엘의 집 안으로 들어서는 순간, 알 수 없는 침울한 분위기가 나를 에워쌌다. 탁한 공기 속에 병자의 냄새가 섞여 있었다.

나는 조심스레 거실로 들어갔다. 긴 소파 두 개에 중년 남자와 여자가 각각 누워 있었다. 웬일인지 이렇게 더운 날씨에도 난롯불이 타오르고 있었다.

"어머나! 어서 오세요! 미안해요. 저희가 일어나서 맞이할 수가 없네요."

"저는 싼마오라고 해요. 후터 부부시죠?"

나는 나란히 누워 있는 중년 부부에게 웃으며 다가가 악수를 청했다.

"앉으세요. 우리는 당신을 잘 안답니다. 집안일을 좀 도와주셨으면 했는데 못 온다고 하셔서 정말 아쉬웠어요."

부인이 서툰 스페인어로 상냥하게 말했다. 말투가 아주 느릿느릿했다. 얼굴이 퉁퉁 붓고 양손까지 시뻘겋게 부어 있는 모습에 나는 심하게 충격을 받았다.

"저도 몸이 좀 안 좋거든요. 그래서 못 왔어요…… 게다가 그때는 편찮으신 줄도 몰랐어요."

나는 빙그레 웃었다.

"이제 아셨으니까 자주 놀러 오세요. 사실 우린 이렇다 할 친구가 없거든요."

담요를 덮은 남자의 소파 옆에는 휠체어가 놓여 있었다. 남자가 투박한 목소리로 말했다.

"자자, 차 한잔 합시다. 이웃이니 어려워 마시고요."

부인이 퉁퉁 부은 몸으로 애써 일어나 앉았다. 담요에 덮인 배는 만삭 임산부처럼 커다랗게 부풀어 있었다.

그때 다니엘이 부엌에서 작은 카트를 밀고 나왔다. 카트에는 찻잔과 찻주전자, 설탕 단지, 우유, 과자에 냅킨까지 놓여 있었다. 다니엘은 그것들을 차 탁자에 가지런히 차려 놓았다.

"다니엘이 정말 수고가 많구나."

나는 정중하게 말했다.

"뭘요, 아줌마가 안 오셔도 우린 오후마다 이렇게 티타임을 가져요."

남자는 차를 마시지 않았다. 한 40분 앉아 있는 동안 그는 위스키 반병을 비웠다. 크게 취한 모습은 아니었지만 아들을 부르는 목소리가 점점 거칠어졌다.

"미안해요. 니콜라스 목청이 원체 커요. 처음이라 익숙하지 않으시죠."

부인이 좀 궁색한 변명을 했다. 그러고는 바삐 뛰어다니는 아들에게 무한한 애정을 담은 눈길을 보냈다.

"우리 집 양반도 툭하면 큰소리예요. 괜찮아요, 루시."

나도 이렇게 옹색하게 대꾸할 수밖에 없었다. 그러다 니콜라스가 다니엘에게 포크를 확 던지는 모습을 보자 나는 벌떡 일어나 작별을 고했다.

후터 일가를 알게 된 뒤로 다니엘은 종종 차를 마시자고 나를 부르러 왔다. 하지만 니콜라스가 술 마시고 다니엘에게 행패 부리는 모습을 자꾸 보게 되자 이 다리가 불편한 남자에게 품었던 동정심이 싹 사라졌고 그 집에 가기도 싫어졌다.

"니콜라스가 걸핏하면 다니엘을 때려. 정말 보기 불편해."

내가 호세에게 말했다.

"당신도 생각해 봐, 장장 12년을 휠체어에 앉아 구제금 몇 푼에 기대 살아왔잖아. 거기다 부인까지 간암이니 마음 편할 리 있겠어?"

"12년이나 그랬으니 더더욱 동정이 안 가. 다리가 불편해도 손이 있고 머리가 있잖아. 12년 동안 전혀 분발하지 않고 노상 술이나 마시고 애를 때리고. 이게 현실을 직시하는 거야? 다니엘 그 애도 이상해. 벙어리처럼 통 말이 없고 남에게 잘 보일 생각도 없고. 루시가 대단하지. 늘 그렇게 사근사근하고 웃는 얼굴이니."

어느 날 시장에 갔다가 또 다니엘을 보았다. 무거운 찬거리를 두 손 가득 들고 버스를 타러 가고 있었다. 호세가 경적을 울리며 손짓해 불렀다.

"같이 가자. 어서 타!"

다니엘은 크고 작은 봉투를 주섬주섬 차에 내려놓다가 크림 깡통 하나를 떨어뜨렸다.

"어, 크림 샀네. 케이크 만들게? 누가 만들지? 엄마는 일어서지 못하실 텐데."

내가 무심결에 말했다.

"제가요. 엄마가 좋아하세요."

언제나처럼 더없이 짧고 간단한 대답이었다.

"만들 줄 알아?"

다니엘은 자신만만하게 고개를 끄덕이다가 갑자기 씩 웃었다. 내 얼굴에서 못 믿겠다는 표정을 본 모양이었다.

"네가 시간이 어디 있어? 숙제가 많잖아?"

"숙제는 학교에서 쉬는 시간이나 점심시간에 해요."

다니엘이 나직이 말했다.

"귀찮지도 않아? 크림케이크가 얼마나 손이 많이 가는데."

나는 혀를 차며 고개를 절레절레 흔들었다.

"엄마가 좋아하시니까 만들 거예요."

다니엘이 고집스럽게 또 말했다.

"엄마한테 앞으로 드시고 싶은 게 있으면 내가 가서 만들어 드린다고 말씀드려. 너는 시간 나면 호세랑 놀러 다니고. 날마다는 못 가도 도울 일이 있으면 내가 도와줄게."

"고맙습니다!"

다니엘이 또 한 번 씩 웃었다. 나는 덥수룩한 빨간 머리를 멀뚱멀뚱 바라보며 속으로 생각했다. 일찍 결혼했으면 나도 아마 저만한 아이가 있겠지!

그날 저녁 다니엘이 케이크 4분의 1조각을 가져왔다.

"정말 맛있네. 대단하다, 다니엘. 솜씨가 참 좋구나."

케이크를 조금 떼어내 맛을 보자 칭찬이 절로 나왔다.

"과일 파이도 만들 줄 알아요. 다음에 만들면 갖다 드릴게요."

다니엘은 얼굴을 붉히며 기뻐했다. 말도 많아졌다.

어느 날 다니엘이 달걀 한 소쿠리를 들고 또 찾아왔다.

"집에서 키우는 닭이 낳은 거예요. 어머니께서 갖다 드리래요."

"너 닭도 키워?"

호세와 내가 동시에 소리쳤다.

"지하실에서 키워요. 엄마가 동물 키우는 걸 좋아하셔서 제가 키우고 있어요."

"다니엘, 너 하는 일이 너무 많은 거 아냐? 개 한 마리, 고양이 열세 마리에 닭까지 한 떼. 꽃밭도 다 네가 가꾸잖아?"

작은 거인

"엄마가 좋아하세요."

다니엘은 또 입버릇 같은 대답을 하고는 한 마디 덧붙였다.

"엄마가 꽃 보는 걸 좋아하세요."

"너무 바쁘겠다."

호세가 말했다.

"바쁘긴요! 안녕히 계세요."

말을 마친 다니엘은 반달음질로 집으로 돌아갔다.

다니엘은 새벽 6시에 일어나서 닭 모이를 주고 닭장을 청소하고 달걀을 가져온다. 그 다음 빨랫감을 세탁기에 넣고 고양이와 개 먹이를 주고 부모님 아침을 준비하면서 자기 도시락으로 샌드위치를 만들고 청소까지 하고서야 집을 나서서 스쿨버스를 타고 학교에 간다. 오후 5시에 돌아오면 책가방을 내려놓자마자 우리하고 장을 보러 가고, 집으로 돌아와 마른 옷을 걷고 젖은 옷을 내다 널고 어머니의 티타임을 준비하고, 다시 가서 옷을 다리고 부모님 점심 그릇을 설거지하고 저녁을 준비하고, 술 취한 아버지를 침대에 눕히고 병중인 어머니를 씻겨 드리고 다음 날 부모님이 드실 점심 식사를 준비한다. 그러고 나면 개를 데리고 산책하러 나간다. 잠자리에 들 때는 자정이 훌쩍 지나 있다. 다니엘의 하루는 이보다 더 빡빡할 수가 없었으며 수면 시간마저 부족했다. 아이로서 즐겨야 할 오락이란 다니엘에게는 이미 존재하지 않았다.

때때로 저녁에 볼 만한 영화가 있으면 나는 다니엘이 할 일을 떠맡고 호세는 다니엘을 데리고 나가서 영화도 보여 주고 주전부리도 사 먹이고 시내 구경도 시켜 주었다.

"그 녀석 정말 안 되겠어. 이제 안 데리고 나갈래."

어느 날 밤, 다니엘과 나들이를 하고 온 호세가 한탄하듯 말했다.

"왜? 말썽이라도 부려?"

"말썽을 부리면 차라리 낫지. 그 녀석, 몸은 나와 있어도 마음은 집에 가 있어. 일분일초도 쉬지 않고 부모 걱정이라니까. 데리고 나가는 게 벌주는 거나 마찬가지야. 집에서 어른들이나 돌보게 놔두는 게 낫겠어!"

"어머니와 아들은 한마음으로 이어져 있다잖아. 어머니가 저렇게 몸져누워 계시니 자식이 놀 기분이 나겠어? 이제 관두자. 애가 너무 고생이 많네."

얼마 전 루시의 병세가 심하게 나빠졌다. 복수를 빼느라 이틀을 입원해 있어야 했다. 니콜라스는 이틀 내내 술에 잔뜩 취해 엉엉 울고만 있고, 다니엘은 낮에는 학교에 가고 저녁에는 어머니를 간호하러 갔다. 그러면서 집에 있는 아버지 좀 챙겨 달라고 우리에게 어찌나 신신당부를 하는지 코끝이 찡했다.

루시는 복수를 완전히 빼낸 다음 가쁜 숨을 몰아쉬며 집으로 돌아왔다.

루시가 퇴원한 다음 날, 다니엘이 찾아오더니 2천 페세타를 내게 건넸다.

"아줌마, 저 대신 향수 한 병만 사다 주세요. 내일이 엄마 생신이거든요. 엄마 선물이에요."

"와! 엄마 생신이구나. 우리 어떻게 축하할까?"

"향수랑…… 또 커다란 케이크를 만들 거예요."

"엄마가 드실 수 있어?"

내 질문에 다니엘은 고개를 가로저었다. 금세 눈시울이 붉어졌다.

"케이크는 내가 만들게. 너는 학교에 가. 말 들어."

"제가 만들 거예요."

다니엘은 더 말하지 않고 돌아서서 가버렸다.

다음 날 아침, 나는 루시네 문을 살며시 밀고 거실로 들어섰다. 다니엘이 만든 케이크가 생일 초까지 꽂은 채 탁자 위에 얌전히 놓여 있었다. 다니엘은 학교에 가고 없었다.

타이완 옥팔찌를 루시 손목에 조심조심 끼워 주자 루시가 웃으며 말했다.

"고마워요!"

그날 루시는 말도 하기 힘든 상태였다. 부종으로 터질 듯한 다리에서 물이 잔뜩 배어 나와 방울방울 커다랗게 맺혀 있었다. 보기에도 끔찍했다.

"루시, 병원으로 돌아가는 게 어때요?"

조심스레 말해 봤지만 루시는 눈을 감은 채 고개를 저었다.

"소용없어요. 이제 며칠 안 남았어요."

옆에 앉아 지켜보던 니콜라스가 또 흐느껴 울기 시작했다. 나는 휠체어를 밀고 나가 니콜라스를 마당에 앉혀 놓았다. 이미 간당간당해져 버린 루시의 가느다란 숨결을 건드리지 않도록.

그날 나는 줄곧 루시 곁을 지키며 다니엘이 학교에서 돌아올 때까지 루시의 손을 꼭 잡고 있었다. 밤에도 한숨도 자지 못했다. 다니엘이 한밤중에 달려와 문을 두드릴 것만 같았다. 루시의 납빛 얼굴에는 이미 죽음의 그림자가 드리워져 있었다.

아침 8시 30분쯤에야 어렴풋이 잠들려는데 호세가 마당에서 누군가와 이야기하는 소리가 들려왔다. 다니엘 같았다.

나는 벌떡 일어나 창가로 가서 소리쳤다.

"다니엘, 왜 학교 안 갔니? 엄마가 안 좋으셔?"

다니엘은 나무 아래 망연한 표정으로 앉아 있었다. 꼬질꼬질한 얼굴에 말라붙은 두 줄기 눈물자국이 보였다.

작은 거인

"루시가 어젯밤에 세상을 떠났대."

호세가 말했다.

"뭐? 루시가!"

놀란 소리가 튀어나왔다. 급히 옷을 챙겨 입고 눈물을 펑펑 쏟으며 밖으로 뛰쳐나갔다.

"엄마는?"

나는 발을 동동 구르며 다니엘에게 물었다.

"아직 소파에 계세요."

"아빠는?"

"취해 계셔서 그냥 안 깨웠어요. 아직 주무세요."

"언제 돌아가셨어?"

"어젯밤 열한 시 15분에요."

"왜 우릴 안 불렀어?"

나는 나무라듯 물었다. 아이 혼자 밤새 어머니 곁을 지켰을 걸 생각하니 가슴이 에이는 듯했다.

"다니엘, 어떻게 밤을 보낸 거니?"

나는 눈물을 훔치며 아이의 헝클어진 머리카락을 쓸어 주었다. 다니엘은 꼭두각시처럼 멍하니 앉아 있었다.

"호세, 영사관에 전화해 사람 좀 불러 줘. 나는 다니엘하고 집에 가서 니콜라스에게 알릴게."

"아저씨, 일단 아빠 약부터 사다 드리고 의사도 불러야 돼요. 아빠는 심장이 안 좋으세요. 의사 선생님이 오신 다음에 깨울게요."

다니엘은 무섭도록 침착했다. 이 아이는 이미 모든 걸 주도면밀히 생각해 놓았다. 우리 같은 어른보다도 일 처리가 분명했다.

"지금 돌봐야 할 사람은 아버지예요."

다니엘이 나지막이 말했다.

루시는 다음 날 땅에 묻혔다. 가족이 관을 메는 관례에 따라 다니엘과 호세 둘이서 교회에서 그리 멀지 않은 묘지까지 관을 메고 갔다.

다니엘은 끝끝내 소리 내어 울지 않았다. 어머니 관 위로 한 삽 한 삽 흙이 덮일 때마다 조용히 눈물을 흘렸을 뿐이다.

죽은 사람은 죽은 거고 산 사람은 예전과 다름없이 살아 나가야 한다. 다니엘이 말하지 않아도 우리는 거동이 불편한 니콜라스에게 신경을 쓰며 틈나는 대로 함께 있어 주었다. 다행이랄까, 니콜라스는 늘 술에 취해 있었다. 술이 깨면 끊임없이 흑흑거려서 차라리 그렇게 곯아떨어져 있는 편이 나았다.

니콜라스는 밤 9시가 조금 지나면 잠자리에 들었다. 루시가 죽자 오히려 시간이 많아진 다니엘은 우리 집에 와서 11시가 넘을 때까지 함께 텔레비전을 보곤 했다.

"다니엘, 넌 커서 뭐가 되고 싶어?"

셋이서 이런저런 이야기를 나누다가 내가 물었다.

"수의사요."

"아! 동물을 좋아하는구나, 엄마처럼."

"이 근방에는 수의사가 없잖아요. 나중에 여기서 동물병원 열려고요."

"스위스로 돌아가지 않고?"

나는 깜짝 놀랐다.

"여기 날씨가 아빠 다리에 좋거든요. 스위스는 너무 추워요."

"너 설마 아빠랑 평생 같이 살 생각이야?"

다니엘의 진지한 눈빛에 이상스럽다는 기색이 서렸다. 나는 좀 부끄러워졌다.

"그러니까 내 얘기는…… 다니엘, 사람은 언젠가는 부모 곁을 떠나기 마련이야. 물론 네 상황은 다를 수 있지만."

한동안 잠자코 있다가 다니엘이 불쑥 말했다.

"사실은 제 친부모님이 아니에요."

"뭐?"

나는 내 귀를 의심했다.

"저는 입양됐어요."

"언제 그 비밀을 안 건데? 그럴 리가, 잘못 알았을 거야."

너무나 놀라운 얘기였다.

"비밀이긴요. 고아원에 있다가 여덟 살에 입양된 건데요. 그 나이면 알 건 다 알죠."

"그런데도…… 너는…… 그분들을 그렇게 사랑하다니. 내 말은 그러니까…… 너…… 부모님을 정말로 사랑하는구나."

나는 열두 살밖에 안 된 이 아이를 놀란 눈으로 바라보았다. 마음에 커다란 파문이 일며 다른 어떤 말도 할 수가 없었다.

"친부모님이건 아니건 똑같은 부모님 아닌가요?"

다니엘이 빙긋 웃었다.

"그럼, 똑같지, 다니엘. 똑같고말고."

나는 내 앞에 있는 빨간 머리 거인을 바라보며 중얼거렸다. 순간 나 자신이 겨자씨 한 알처럼 보잘것없게 느껴졌다.

카나리아 제도 유람기

카나리아 제도 여행을 앞두고 나는 누구를 만나든 무심코 이런 말을 꺼내곤 했다.

"카나리아 제도에 대한 책 있으면 좀 빌려주실래요?"

며칠 뒤에 우체국의 나이 든 직원이 한 권, 의사 부인이 세 권을 빌려주었다. 이웃 아이들의 학교 선생님은 도서관에 있는 책을 몇 권 보내 주었고 공항에서 일하는 미장이의 아들도 작은 책 두 권을 빌려주었다. 거기에 내가 갖고 있는 네 권까지 합치니 책 파는 노점을 차려도 되겠다 싶었다.

호세는 얼른 떠나자고 성화였지만 그럴수록 나는 책 속에 고개를 푹 파묻었다.

이것은 내 오랜 습관이었다. 새로운 곳으로 떠나기 전에는 반드시 그곳을 다룬 책을 꼼꼼히 읽고 현지 상황을 충분히 파악해 두었다. 그러고 나서야 몸소 그 속에 들어가서 내 느낌을 책에서 봤던 내용과 비교해 보곤 했다.

황금 사과를 찾아서

"호세, 이 부분 좀 들어 봐. '아주 먼 옛날 그리스의 음유시인이 성이나 마을을 찾아다니며 시를 읊고 노래를 부를 때부터 카나리아 제도는 그들의 이야기 속에서 널리 전해지고 있었다. 호메로스도 자신의 서사시에서 1년 내내 불어오는 건들바람을 이야기하면서, 카나리아 제도는 신비로운 아름다움으로 바다를 항해하는 선원들을 유혹해 자신의 품속 신선의 섬으로 이끌었다고 노래했다…… 또 옛사람들은 그리스 신화에 나오는 황금 사과*를 카나리아의 여섯 무녀가 이 섬의 어느 동굴에 감췄다고도 했다…….'"

손에 든 마지막 한 권을 소리 내어 읽을 때 호세와 나는 그란카나리아 섬에서 테네리페 섬으로 향하는 여객선 갑판에 앉아 있었다.

---

* '세상에서 가장 아름다운 여성에게 바친다'며 불화의 여신 에리스가 던져 놓고 간 사과를 말한다. 헤라, 아테네, 아프로디테 세 여신이 이 황금 사과를 놓고 싸우다 트로이 전쟁까지 일어나고 만다.

"호메로스 시대부터 이 섬들을 알고 있었구나. 왠지 『오디세이아』의 한 대목에 나올 것 같은데, 그치?"

나는 저 멀리 구름과 안개에 휩싸인 채 바다 위에 떠 있는 신선의 섬을 바라보며 그 아름다운 전설에 취해 있었다.

"호세, 오디세우스의 항해 경로 좀 말해 줄래?"

"트로이 전쟁에 대해서 물어보지. 나는 그 목마가 성에 들어가는 얘기가 더 좋은데."

옹색하게 변명하는 걸 보니 호세는 호메로스의 서사시를 완벽하게 알지 못하는 것이 분명했다.

"황금 사과를 카나리아 제도의 어느 섬에 숨겼다는데. 적어도 서너 권에 그렇게 나와 있어."

"싼마오, 정신 차려! 섬에서 그 높은 건물이랑 굴뚝들 못 봤어?"

"아직 희망이 있어. 우리는 지금 황금 사과를 찾으러 간다!"

갑판 위에서 나는 기쁨에 넘쳐 소리쳤다. 호세는 정신병자 보듯 나를 보며 말없이 웃기만 했다.

대서양의 일곱 다이아몬드

북서아프리카 맞은편 대서양에 정박해 있는 듯한 일곱 개 섬의 총 면적은 7273제곱킬로미터이다. 카나리아 제도를 스페인의 아프리카 식민지라고 많이들 생각하는데 사실은 그냥 해외에 있는 두 개의 행정구역이다.

산타크루스 데 테네리페 주는 라고메라, 라팔마, 엘이에로, 테네리페 이렇게 네 개의 섬으로 이루어져 있고, 라스팔마스 주는 푸에르테벤투라, 란사로테 그리고 가장 번화한 그란카나리아 이렇게 세 개의 섬이다. 그란카나리아는 호세와 내가 갓 터를 잡은 곳이기도 하다.

이 두 주를 합쳐 카나리아 제도라고 부른다. 이곳은 카나리아 새의 원산지인데 새 때문에 섬 이름이 붙은 건지 섬 때문에 새 이름이 생긴 건지 지금은 알 길이 없다.

스페인의 가장 남쪽 항구 카디스에서 뱃길로 1천 킬로미터를 가야 하는 카나리아 제도는 지리적 위치로 따지자면 북아프리카의 딸이나 다름없다. 하지만 카나리아 제도 주민들은 아무도 자신들이 북아프리카의 일부라고 인정하지 않는다. 심지어 카나리아 제도가 일찍이 대서양에서 사라진 땅에서 바다 위로 노출된 몇 개의 산봉우리라고 설명하는 책도 있다. 카나리아 제도 친구들은 줄곧 자기들이 아틀란티스에서 살아남은 인류라고 자부하지만 정확한 설명은 결코 아니다. 페니키아인과 마요르카인 등이 오래전부터 이곳에 살고 있었고 11세기에는 아랍인도 이 땅을 밟은 바 있다. 이후 4세기 동안 카나리아 제도는 해적과 정복자의 천국이었다. 네덜란드는 물론이고 프랑스, 포르투갈, 스페인과 영국이 줄줄이 이 땅을 점령했다.

당시 카나리아 제도에는 커다란 몸집과 밝은 피부색, 금발에 푸른 눈을 가진 '관체족'이라는 원주민이 살고 있었다. 그들은 여전히 석기 시대 생활을 하고 있었는데, 14세기 이후 유럽인이 수차례 침략해 오자 수많은 관체족이 살해당하거나 노예로 끌려가고 말았다. 관체족의 마지막 족장이 전쟁에 패해 벼랑에서 몸을 던진 뒤로는 유럽인이 줄지어 이주해 왔고, 유럽인과 관체족이 통혼해 이제 진정한 원주민은 사라지고 말았다.

카나리아 제도가 스페인 영토가 된 지도 수백 년이 흘렀다. 풍속이나 음식 문화는 스페인과 차이가 있지만 언어는 완전히 스페인에 동화되어 버렸다.

카나리아 제도는 유럽, 아프리카, 아메리카 대륙을 연결하는 주요 항로에 위치하기 때문에 이 섬의 훌륭한 항구들은 주민들에게 커다란 번영을 안겨 주었다. 타이완의 원양 어선도 그란카나리아와 테네리페 섬에서 정박하곤 했으니 따지고 보면 그리 낯선 곳도 아니다!

언제부터였을까, 카나리아 제도는 어느새 대서양의 빛나는 일곱 다이아몬드가 되었다. 항해자와 북유럽의 추위를 피해 오는 여행객 덕분에 이 섬의 매력은 더욱 커지고 있다.

일곱 섬을 여행하면서 우리는 비행기를 아예 타지 않기로 했다. 비행기를 타고 호텔에서 묵으면 물론 편리하겠지만 호세와 나는 작은 차에 텐트를 싣고 다니는 편이 더 즐거웠다. 우리는 그렇게 바다 위를 표류하는 이 신비롭고 그윽한 신화 속 세상을 깊이 만끽하기로 했다.

테네리페의 카니발

이 아름다운 초록 섬으로 오기 전부터 나는 테네리페 섬을 두고 상상의 나래를 펼쳐 왔다. 잔잔한 쪽빛 바다에 둘러싸인 아름다운 섬, 하늘 끝까지 솟은 그 유명한 설산 '테이데'가 섬 한복판에서 발아래 흩어진 마을과 들판을 장엄하게 굽어보겠지. 만년설이 덮인 산봉우리가 짙푸른 하늘과 어우러져 얼마나 아름다울까……. 테네리페가 2058제곱킬로미터나 되는 커다란 섬이라는 걸 알면서도 나는 책에서 받은 영향 때문에 책이 묘사한 섬의 모습을 고집스럽게 상상했다.

작은 차를 몰고 커다란 배의 뱃속에서 바닷가로 빠져나왔을 때였다. 갑자기 부둣가 도로에 사람들이 물밀듯 몰려들더니 고적대가 연주하는 음악 소리가 천지를 뒤흔들 것처럼 우렁차게 들려왔다. 길은 꽉 막혀 방향을 알 수가 없고, 앞뒤로는 높은 건물인데 창문마다 사람들이 잔뜩 매달려 있었다. 대재난이 일어난 것처럼 혼란스럽기 짝이 없었다. 나아갈 수도 물러날 수도 없어 차를 세우려 하자 경찰이 팔을 휘저으며 호루라기를 미친 듯이 불어댔다. 우리는 이 난데없는 상황에 깜짝 놀라 어쩔 줄 모르고 있었다.

길 가는 사람에게 물어보려고 머리를 내밀려는데 갑자기 털이 수북한 짐승의 발이 차 안으로 쑥 들어왔다. 녀석은 나를 향해 야릇한 울음소리를 내더니 시커먼 털이 뒤덮인 몸을 흔들면서 씨근덕거렸다.

어찌나 놀랐는지 소리도 지르지 못하고 있는데 그놈은 히죽 웃고는 휘적휘적 가버렸다. 나는 그대로 얼어붙어 멀리 사라지는 괴물의 모습을 지켜보고 있었다. 어라, 킹콩이잖아!

이럴 수가, 책에서 본 바로는 카나리아 제도에는 사람을 해치는 야수나 뱀이 산 적이 없다고 했는데 어떻게 고릴라가 있는 거지? 그것도 공공연히 거리에 나타나다니!

"헛! 우리가 딱 카니발 기간에 왔구나. 바보같이 그것도 모르고."

그제야 영문을 알게 된 호세가 운전대를 퍽 치며 소리쳤다.

"우와! 우리도 내려서 구경하자."

흥분한 나는 소리를 지르며 차 문을 열고 거리로 뛰쳐나가려 했다.

"급할 것 없어. 오늘이 금요일이잖아. 다음 주 화요일까지 계속 카니발 기간이야."

테네리페는 작은 섬이지만 스페인에서 성대한 카니발이 열리는 유일한 지역이다. 아무래도 온 주민이 총출동한 듯했다. 회사나 가게, 학교에서 단체로 분장하고 나온 모습도 많이 보였다. 카니발 기간 동안 사람들은 저녁마다 온갖 분장을 하고 나와 골목골목을 누볐고 수많은 악대가 행렬을 이끌었다. 눈을 어디다 둬야 할지 모를 만큼 장관이었다.

테네리페 주민들 몸속에는 타고난 열정과 환희의 피가 흐르는 모양이었다. 거리거리 희한하게 꾸민 사람들이 넘쳐났다. 18세기 궁정 의상과 세계 각국의 전통 의상도 보이고 병사, 어릿광대, 괴물, 해적, 노동자, 자유의 여신과 링컨과 흑인 노예, 인디언, 카우보이, 중국 쿵푸 도복을 입은 사람, 곡마단, 요정 등 별의별 모습이 다 있었다. 덩치 큰 남자가 유모차 안에 앉아 있는가 하면 남장 여자와 여장 남자도 있었다. 반라의 활기 찬 미녀들이 삼바 춤을 추고 북을 두드리며 인파 속에서 흥겹게 놀기도 했다.

길가에는 분장 도구를 파는 노점이 죽 늘어서서 풍선, 설탕에 절인 사과, 가면 등을 그득하게 늘어놓고 장사를 했다.

호세가 농염한 장밋빛 가발을 고르더니 나에게 씌워 주고 자기는 발을 뺐다. 유리에 비친 모습을 보는 순간 나는 머리 위에 잔뜩 솟은 시뻘건 머리카락에 기겁을 했다. 미친 여자가 따로 없었다. 나는 거리로 나가 이리저리 두리번거리며 놀래 줄 아이를 찾았다.

사실 아무도 놀라게 할 수 없었다. 아이들조차 나보다 훨씬 무시무시하게 꾸미고 있었으니까. 검은 양복에 검은 망토를 걸치고 푸르뎅뎅한 얼굴을 한 일고여덟 살짜리 꼬마가 입을 쩍 벌리자 기다란 송곳니 두 개가 불쑥 튀어나왔다. 녀석은 나에게 지팡이를 휘두르며 쉭쉭거렸다. 영화에 나오는 드라큘라가 틀림없었다.

나는 이 괴상망측한 사람들에게 이내 싫증이 났다. 하지만 밤거리의 짓궂은 여장 남자들은 끊임없이 내게서 호세를 가로채려 하고 남장 여자들은 호세 곁의 빨간 머리 아내를 빼앗으려 했다. 우리는 고래고래 소리를 질렀지만 경찰은 뻔한 장난이라는 듯 실눈을 뜨고 웃고만 있었다.

길가에 있던 한 꼬마가 나를 보더니 엄마 옷자락을 잡아당기며 소리쳤다.

"엄마, 저기 빨간 머리 중국 사람 좀 봐요!"

나는 쪼그리고 앉아 요상스러운 목소리로 말했다.

"꼬마 아가씨, 똑똑히 보시지. 동양인의 가면을 쓴 거야!"

꼬마가 손을 뻗어 내 얼굴을 만져 보자 주위 사람들이 요란하게 웃어댔다. 호세가 웬일이냐는 듯 물었다.

"언제 갑자기 유머 감각이 생겼어? 전에는 사람들이 손가락질하며 중국인이라고 하면 무례하다고 싫어했잖아."

마지막 날에는 카니발의 절정인 꽃마차 퍼레이드가 있었다. 차도 양쪽에 인파가 꽉 들어차고 교통은 완전히 통제되었으며 TV 방송국에서도 취재진이 나와 높은 곳에서 촬영을 했다. 황혼이 깃들자 작년 우승자인 격자무늬 옷을 입은 어릿광대 악단이 음악을 연주하며 행진을 시작했고 그 뒤로 오만 가지 분장을 한 사람들 행렬이 끝없이 이어졌다.

인파에 휩쓸린 우리 눈에 보이는 거라곤 눈앞에서 천천히 흔들리는 어릿광대의 모자뿐이었다. 조금 뒤에 호세가 쪼그리고 앉더니 나를 어깨에 태웠다. 호세는 내 정강이를 꽉 붙잡고 나는 호세의 머리카락을 움켜쥐었다. 높이 앉아 굽어보니 한 사람 한 사람의 표정과 분장을 놓치지 않고 볼 수 있었다. 춤을 추며 지나가는 사람들 틈틈이 고적대가 끼어 음악 소리로 흥을 돋웠다. 사람들은 손뼉을 치며 신나게 웃는가 하면 깜짝 놀라기도 했다. 구경하는 이들과 춤추며 행진하는 이들이 한데 어우러져 해마다 찾아오는 즐거운 분위기에 흠뻑 취해 있었다. 나도 멍청히 보고만 있을 수는 없어 호세의 어깨 위에서 행진하는 사람들에게 신명 나는 갈채와 환호를 날렸다.

큰길 한복판을 외로이 걸어가는 어릿광대가 눈에 잡혔다. 홀로 퍼레이드에 나선 그는 간단하게 빨간 탁구공으로 가짜 코를 해 달고 커다란 회색 양복저고리를 걸치고 짤뚱한 검은 바지에 헐렁한 신발을 질질 끌면서 걸어갔다. 창백한 얼굴에 걸린 가느다란 붉은 입술과 연한 팔자 눈썹이 자아내는 쓸쓸한 표정과 우수 어린 분위기는 무대에서 내려온 어릿광대의 비애를 완벽하게 표현하고 있었다. 피카소의 그림 속에서 걸어 나온 듯한 그 모습은 내 마음을 마구 휘저어 놓았다. 나는 호세의 머리를 힘껏 두드리며 소리쳤다.

"저 어릿광대 분장이 최고야. 1등 상을 줘야 돼!"

하지만 그에게 박수를 보내는 사람은 아무도 없었다. 아름다운 카니발의 아가씨를 태운 화려한 꽃마차가 나타났기 때문이다.

우리는 날이 완전히 저물 때까지 길 위에 있었다. 퍼레이드 행렬은 여태 흩어지지 않았고 거리를 가득 메운 사람들은 그때까지도 자신들의 열정을 완전히 불사르지 못해 아쉬워하고 있었다. 이토록 삶을 뜨겁게 사랑하며 맘껏 누리고 저토록 솔직하게 마음을 활짝 여는 또 다른 민족을 보며, 고난과 상처의 오천 년 역사를 짊어진 중국인인 나는 깊은 감동에 젖어 들었다. 기쁨의 순간에 화려한 옷을 입고 소리 높여 노래하며 덩실덩실 춤추는 모습, 아무런 부끄럼도 없고 남의 시선 따위는 아랑곳하지 않는 모습. 내 눈에 이런 것은 유치함이 아니라 천진하고 꾸밈없는 마음으로 보였다. 나는 인간의 본성이란 커다란 고통에 맞서 끝없이 인내하고 희생할 때 찬연히 빛난다고 생각했다. 그러나 지금 이 순간, 이 쾌락 속에서 너무도 감동적이고 아름다운 또 다른 빛깔을 보았다. 어찌 쉼 없이 일해야만 보람차고 의미 있다 할까? 적당한 때에 쉬고 즐기는 것 또한 인생에서 대단히 중요한 부분이 아닐까?

휘파람섬 라고메라

어렸을 때 한동안 휘파람을 불지 못해 상심하고 고민한 적이 있었다. 자신감까지 잃을 정도였다. 그리고 나는 지금까지도 휘파람을 못 부는 사람이다.

사하라 사막에 살고 있을 때, 라고메라 섬 주민들은 자기네 말이 따로 있을 뿐 아니라 휘파람으로도 의사소통을 한다는 이야기를 친구들에게 들었다. 380제곱킬로미터의 이 작은 섬은 대부분이 산악 지대이다. 서로 너무 멀찍이 흩어져 사는데 깊은 골짜기에 대고 고함을 지를 수도 없는 노릇이라 휘파람 말이 생겨나 대대로 전해진 것이 아닐까 싶다.

어느 책에는 일찍이 라고메라 섬에 쳐들어온 해적이 원주민의 혀를 잘라 유럽에 노예로 팔아 넘겼다고 씌어 있었다. 그때 혀가 잘린 수많은 원주민 가운데 팔리기 전에 도망쳐 깊은 산속으로 들어간 사람들이 혀를 잃어 말을 할 수 없게 되었으므로 휘파람 말을 만들어냈다는 설명이다.(아무래도 틀린 얘기 같다. 휘파람을 불자면 혀를 말아야 하지 않을까? 나는 휘파람을 불 줄 모르니까 확실히 말은 못 하겠지만.)

테네리페에서 라고메라까지는 페리를 타고 한 시간 반이면 간다. 우리는 라고메라에서 하루만 머무르고 테네리페로 돌아갈 계획이라 차는 부두에 세워 두고 빈손으로 배에 올랐다.

라고메라의 부두는 적막했다. 정박한 배는 우리가 타고 온 페리뿐이었다. 단체 관광객 10여 명은 큰 버스를 타고 가버리고 낡은 지프 두 대가 빌려 갈 사람을 기다리고 있었다. 10대 아이들이 몰려와 배를 둘러싸고 떠들썩하게 구경을 했다.

우리는 길을 확실하게 물어본 뒤에 뙤약볕을 무릅쓰고 서둘러 버스 정류장으로 갔다. 산간 지대로 들어가는 버스는 하루에 두 대뿐인데 한 대는 이미 떠났고 다른 한 대는 오후에 출발한다고 정류장 직원이 알려 주었다. 오후 버스를 타면 배가 떠나는 시각에 댈 수가 없었지만 달리 산에 갈 수 있는 방법이 없었다.

항구를 끼고 형성된 작은 마을에는 시가지의 면모라고는 전혀 없었다. 서너 갈래의 거리와 이층 건물들은 쇠락해 보였고, 그래도 시내라 불리는 곳인데 가게도 식당도 슈퍼마켓도 보이지 않았다. 활기라고는 조금도 느껴지지 않는 곳이었다.

오전 10시가 넘었는데도 거리는 인적 없이 텅 비어 있었다. 이따금 차량 몇 대가 햇살이 비치는 조용한 콘크리트 광장을 지나갈 뿐이었다. 자갈이 가득한 아담한 바닷가에는 낡은 고깃배 몇 척이 정박해 있었다. 회색 담벼락에 누군가 커다랗게 휘갈겨 놓은 검은 글씨가 보였다. '우리는 영화관을 원한다. 아무도 우리를 기억하지 않는가?' 정치적 구호를 보는 데는 익숙해져 있었지만, 이런 곳에서 젊은이들이 단지 영화관 하나를 위해 외치는 구호를 갑작스레 맞닥뜨리자 왠지 모를 비애가 느껴졌다.

카나리아 제도의 일곱 섬 가운데 라고메라는 확실히 잊혀 버린 곳이었다. 카나리아 제도는 해마다 200만 명의 유럽인이 겨울을 나러 오는 낙원이지만 라고메라까지 오는 이는 없었다. 라고메라 인구는 원래 1만 9천여 명이었는데 최근 몇 년 사이에 많은 사람이 떠나 버렸다고. 호텔이 빼곡하게 들어

찬 건너편의 테네리페 섬이 일자리를 찾는 젊은이들을 몽땅 빨아들이다시피 하는 바람에 라고메라는 해가 갈수록 퇴락하고 있었다.

끓어오르는 듯한 도로 위를 걷다 보니 어느새 세 블록을 지나갔다. 우리는 차가운 음료도 파는 잡화점을 발견하고 재빨리 들어가 주인에게 말을 걸었다.

"산꼭대기에 호텔이 하나 있어요. 가서 볼 만해요."

주인의 대답에 웃음이 났다. 호텔을 구경하고 싶지는 않았다. 주인은 좀 미안한 얼굴로 또 말했다.

"오래된 성당도 있는데. 바로 이 거리에 있어요."

아무것도 없는 이 작은 도시에서 사람들이 진정으로 기댈 곳은 오로지 종교뿐인 걸까.

우리는 성당을 찾아가 나무 문을 살며시 밀고 들어갔다. 스테인드글라스를 통과한 어슴푸레한 빛줄기가 고요한 성당 안을 비추었다. 아무도 없는 제단 앞에 하얀 초 몇 자루가 불을 밝히고 있었다.

우리는 긴 의자에 살그머니 앉아 샌드위치를 꺼내 덥석 베어 물었다. 샌드위치를 씹으며 어둑한 성당 안을 둘러보다가 돌바닥 아래서 18세기에 이곳에 묻혔다는 선장 아내의 지하 무덤을 발견했다. 이 유럽 여인은 어쩌다가 이 이름 없는 작은 섬에 묻혔을까? 그녀는 어떤 일생을 살았을까? 동방에서 온 내가 왜 이토록 오랜 세월이 지난 뒤에 그녀의 관 위에 무릎을 꿇고 앉아 알지도 못하는 그녀를 묵상하고 있는 걸까? 나에게는 이 모든 것이 인연이고 운명의 신비이며 풀리지 않는 의문이었다.

나는 낡은 풍금 앞에 앉아 건반을 두드리기 시작했다. 제단 뒤쪽에 있는 작은 문이 소리 없이 열리더니 중년의 신부가 손을 비비며 미소 띤 얼굴로 다가왔다. 희한하게도 신부들은 모두 손을 비비는 습관을 가진 듯하다. 이 섬의 신부도 예외는 아니었다.

"환영합니다. 음악 소리를 듣고 손님이 오셨다는 걸 알았지요."

우리는 신부와 악수를 나누었다. 신부가 뭐 도와줄 일이 없냐고 묻기에 나는 냉큼 말했다.

"신부님, 물 좀 주시겠어요? 목이 말라서요. 성당의 성스러운 물을 마시고 싶어요."

커다란 병에 담긴 물을 다 비우고 우리는 자리에 앉아 신부와 이야기를 나누었다.

"휘파람 말을 듣고 싶어서 왔는데 산으로 들어가는 버스를 놓쳤어요. 어째야 좋을지 모르겠네요."

"휘파람 말을 들으려면 역시 산간 지역으로 가는 게 좋지만 못 가게 됐다면 저녁에 광장으로 가보세요. 다들 휘파람 말을 할 줄 알아요. 젊은이들보다는 중년층이 더 잘하고요."

우리는 신부에게 거듭 고맙다고 하고는 성당을 나왔다. 대화를 갈망하는 신부의 표정을 보며 나는 또다시 울적해졌다. 신부 역시 이곳에서 외로워하고 있었다.

광장에 앉아 저녁이 되기를 기다렸다. 눈앞에는 아무런 개성도 특색도 없는 시가지가 펼쳐져 있었다. 나도 모르게 호세의 무릎을 베고 스르르 잠이 들었다. 깨어 보니 4시가 조금 지나 있었다. 거리에 사람이 조금 많아졌다.

일어나 주위를 어슬렁거리다가 어느 가게에 나무로 만든 카스타누엘라가 걸려 있는 모습을 보았다. 카스타누엘라는 일종의 캐스터네츠인데 여기 것은 스페인 사람들이 춤출 때 손에 끼고 딱딱거리는 것보다 훨씬 컸다. 나는 곧장 호세를 끌고 들어가 얼마냐고 물어보았다. 예순이 좀 넘어 보이는 검은 옷을 입은 부인이 카스타누엘라를 가져와 보여 주며 말했다.

"500페세타예요."

자세히 살펴보니 수공예품도 아니고 그리 예쁘지도 않고 가격도 터무니없이 비싼 것 같아 썩 내키지 않았다. 그런데 갑자기 부인이 카스타누엘라를 두 손으로 집어 들었다. 두 나무

판이 신기하게 양 손바닥 가운데로 미끄러져 들어갔다. 부인은 계산대 너머에서 카스타누엘라로 박자를 맞추며 춤추고 노래하기 시작했다.

나는 서둘러 부인을 말렸다.

"보여 주셔서 고마워요! 사지는 않을게요."

하지만 부인은 멈추지 않고 노랫가락에 맞추어 대답했다.

"안 사도 괜찮답니다. 내가 춤추는 모습을 보여 주고 싶을 뿐."

돈을 내라는 것이 아니었구나. 나는 얼른 계산대 옆의 사잇문을 열면서 밖으로 나와 달라고 손짓을 했다. 이 멋진 노부인은 노래하고 춤추며 스르르 나오더니 가게 앞에서 홀로 거침없이 무대를 펼쳤다. 가사를 자세히 들어 보니 무슨 의식에서 부르는 노래 같은데 구절마다 압운이 있어 무척이나 듣기 좋았다.

노래가 끝나자 나는 감동을 이기지 못하고 박수갈채를 보냈다.

"사장님, 무슨 노래예요?"

부인이 자랑스럽게 대답했다.

"사촌오빠 장례식 때 부른 노래예요. 내가 지은 시에 내가 가락을 붙였죠."

부인이 직접 만든 노래라는 말에 나는 더욱 흥미가 생겨 앙코르 공연을 청했다.

"춤 말고 시를 읊어 줄 테니 들어 봐요."

부인은 우리가 앉아 있는 계단에 나란히 앉더니 잠긴 듯한 목소리로 노래하듯 한 수 한 수 읊어 나갔다. 모두 압운이 있으며 결혼, 수확, 죽음, 이별, 전쟁, 사랑, 수놓는 소녀 이야기까지 다채로운 내용이 담겨 있었다.

나는 넋 놓고 듣고 있었다. 내가 지금 어디에 있는 건가, 시간도 공간도 모두 잊었다. 오로지 이 노부인의 입에서 흘러나오는 이야기만이 눈앞에서 하나씩 하나씩 흘러가고 있었다. 목소리는 너무도 아름답고 처연했으며 그녀가 직접 지었기에 더욱 진솔하게 느껴졌다. 민간 예술의 독특한 분위기가 가득한 시가였다.

낭송을 마친 부인이 가게로 들어가려 할 때에야 제정신으로 돌아왔다. 나는 부인에게 황급히 물었다.

"사장님, 정말 듣기 좋은 시였어요. 혹시 적어 두신 것 있어요?"

부인은 웃으며 고개를 흔들고는 큰 소리로 말했다.

"글을 모르는데 어떻게 적어 놔요? 다 내 머릿속에 들어 있어요!"

실망한 나는 부인의 뒷모습만 우두커니 바라보았다. 부인은 언젠가 세상을 떠날 테고 그러면 그녀의 시도 이 세상에서 사라지고 말겠지. 얼마나 안타까운 일인가! 그녀의 재능을 알아보고 귀하게 여길 이가 또 얼마나 있을까? 부인조차 자신의 가치를 모르고 있는 듯하여 더욱 안타까웠다.

다시 광장으로 돌아와 보니 젊은이들이 잔뜩 모여 서로에게 하얀 가루를 뿌리고 있었다. 다들 머리부터 발끝까지 눈처럼 하얀 가루를 잔뜩 뒤집어썼다. 사연을 물어보니 이곳의 카니발 풍속은 분장하고 행진하는 것이 아니라 하얀 가루를 뿌리는 것이란다. 호세와 내가 외지인이라서 그런가, 그들은 몹시 수줍어하며 우리에게는 가루를 뿌리지 않았다.

"호세, 휘파람 부는 사람 좀 찾아 봐."

나는 팔꿈치로 호세를 사람들 속으로 밀어 넣었다.

"어어……"

호세는 앞으로 나가려 하지 않고 머뭇머뭇거렸다.

"못 하겠어? 그럼 내가 하지 뭐."

나는 아이들 앞으로 성큼성큼 다가갔다.

"휘파람을 듣고 싶다고요? 우리는 잘 못 불어요. 저기 앉아 계신 할아버지께 들려 달라고 하세요."

나는 아이들에게 빙 둘러싸였다. 한 아이가 뛰어가 할아버지라고는 할 수 없는, 쉰 살쯤 되어 보이는 두 남자를 데리고 왔다.

"정말 죄송합니다. 귀찮게 해드렸네요."

내가 낮은 목소리로 미안하다고 말하자 두 남자는 매우 자랑스럽다는 듯 활짝 웃었다. 한 사람이 멀리 뛰어가더니 준비됐다는 신호를 보냈다.

남아 있는 한 사람이 물었다.

"뭐라고 할까요?"

"음…… 앉으라고 해보세요."

그러자 내 옆에 서 있는 남자가 두 손을 모아 입에 가져다 대더니 카나리아가 지저귀는 듯한 휘파람 소리를 냈다. 그 소리가 광장 저편으로 퍼져 나가자 저쪽 남자가 웃음을 지으며 천천히 앉았다.

"이제 일어서라고 해보세요."

휘파람의 가락이 바뀌었다. 맞은편 남자가 일어섰다.

"그러면 춤을 추라고 해보세요."

새소리 같은 휘파람 말이 전해지자 맞은편 남자는 진짜로 춤을 추는 몸짓을 했다.

호세와 나는 두 눈으로 친히 그 광경을 보면서도 믿을 수가 없었다. 나는 어리둥절해 있다가 발을 구르며 까르르 웃기 시작했다. 진정 꿈같았다. 꿈속에서 사람들이 새소리로 말을 하는 것 같았다. 내가 웃는 동안에도 두 남자는 경쾌한 휘파람으로 대화를 나누었다. 나는 곁에 있는 남자에게 마지막으로 청했다.

"카페에 가서 와인 한잔 대접하고 싶다고 전해 주세요."

남자는 매우 유쾌하게 휘파람으로 말을 전했다. 그러자 아이들까지 휘파람 말을 알아듣고 시끌벅적 몰려왔다.

"우리도요, 우리도 사주세요!"

그래서 다 같이 작은 찻집으로 들어가 카운터 옆에 자리를 잡고 앉았다. 라고메라 섬사람들은 우리에게 이런 얘기를 들려주었다.

"전에는 다들 휘파람 말을 할 줄 알아서 멀리서도 자유롭게 이야기를 주고받았어요. 그런데 나중에 외지에서 온 경찰이 휘파람 말을 못 쓰게 했어요. 자기네가 못 알아듣는다는 이유로요."

"당신들이 휘파람 말로 경찰을 골려 먹었군요."

내 말에 그들은 박장대소를 하며 말했다.

"당연하죠. 경찰이 범인을 잡으러 산속으로 들어갔는데 누군가 인적 드문 골짜기에 숨어서 계속 휘파람 말로 경찰이 어디 있는지 알려 줬어요. 그러니 무슨 수로 잡겠어요?"

카나리아 제도 유람기

찻집 주인이 말했다.

"젊은이들이 휘파람 말을 배우려 들지 않아서 세계에서 유일한 휘파람 말이 점차 사라지고 있어요. 오직 우리 섬에만 있는 말인데! 이렇게 섬세한 휘파람 말이 사라지다니…… 하!"

참으로 안타까운 일이었다. 라고메라 섬은 가난을 벗어 던질 수 있는 자신의 보물을 이용할 줄 모르고 있다. 휘파람 말만으로도 수많은 관광객을 끌어 모을 수 있을 텐데, 좀 더 적극적으로 홍보한다면 가능성이 충분한데, 적어도 젊은이들이 원하는 영화관은 관광객의 주머니에서 뽑아낼 수 있을 텐데…….

살구꽃 만발하고 봄비가 내리는 섬 라팔마

얼마 전에 그란카나리아 섬의 어느 화랑에서 유화 한 폭을 보게 되었다. 유명 화가의 그림은 아니었지만 화풍이 미국의 모지스 할머니*가 그린 그림과 비슷했다. 푸르디푸른 산골짜기, 그 속에서 한가로이 풀을 뜯는 소와 양, 농가와 구불구불한 오솔길, 닭에게 모이를 주는 늙은 아낙, 하얀 꽃송이가 만발한 커다란 나무. 그 평화롭고 순박한 풍경에 이끌려 그림 앞에서

---

* 본명은 애나 메리 로버트슨 모지스. 75세에 붓을 들기 시작해 101세에 세상을 떠나기 직전까지 소박하고 따뜻한 그림을 그리며 미국의 국민 화가로 큰 사랑을 받았다.

한참을 떠날 수가 없었다. 한동안 이런 적이 없었건만 그 값비싼 그림을 사다가 집에 걸어 놓고 날마다 그 풍경 속으로 빠져들고픈 마음이 간절했다. 하지만 호세도 이것저것 사고 싶은 물건이 많은데도 참고 있는 터라 내 멋대로 그림에 돈을 써버릴 수가 없었다. 그래서 그냥 그 앞을 지나갈 때마다 달려들어 그림을 보곤 했다. 화랑 주인이 값을 깎아 주겠다고 했지만 그래도 차마 살 수가 없었다. 결국 그림은 사라지고 말았다.

라팔마 섬을 찾기 전부터 카나리아 제도에서 가장 푸르고 가장 아름답고 가장 비옥한 섬이 바로 이곳이라는 얘기를 숱하게 들었다. 라팔마는 카나리아 제도의 일곱 섬 가운데 북아프리카 대륙에서 가장 멀리 떨어진 섬이다. 면적은 720제곱킬로미터로 대부분 산악 지대이며 인구는 8만여 명, 소나무 목재·포도·향기로운 술·살구·파초·채소 등을 수출한다. 풍부한 물, 사시사철 푸르른 높은 산, 기름진 땅을 가진 이 섬은 사람들 또한 다른 섬과는 달랐다.

산을 등지고 바다를 바라보며 도시가 형성된 모습은 여느 섬과 다름없지만 라팔마는 굉장히 말쑥하고 고상하면서도 부유해 보였다. 아담한 도시에는 오래된 건축물이 즐비하며 나무로 된 발코니마다 꽃이 만발해 있었다. 대성당 앞 광장에는 새하얀 비둘기 떼가 이리저리 날아다니고 활짝 핀 능소화가 오래

된 종탑을 휘감고 올라갔다. 높은 건물은 없지만 부드러운 가로등 불빛 아래 정교하고 아름다운 쇼윈도가 늘어서 있었다. 차분하고 평온하며 문화의 향기가 물씬 풍기는 이곳은 거리를 거니는 여인들의 걸음걸이마저 한없이 우아해 보였다.

우리는 테네리페 섬에 차를 놔둔 채 간단한 짐만 꾸려 배를 타고 이 아름다운 섬으로 건너왔다. 사실은 차를 운송하는 비용이 아담하고 깨끗한 숙소에서 묵는 비용과 맞먹었기 때문이다.

우리가 묵은 숙소는 말하자면 공동 주택 같은 곳이었다. 너른 바다를 마주하고 있으며 널찍한 거실과 침실은 물론 욕실에 설비가 잘 갖추어진 부엌까지 있는데 하루 숙박비는 겨우 320대만달러였다. 스페인 본토에서라면 이런 방을 이런 값으로 빌리기란 불가능했다.

또 나는 버스 여행을 즐겼다. 버스를 타면 현지의 특색 있는 사람과 사건을 만나게 된다. 승용차에 앉아 창밖의 풍경만 보고 다니는 것보다 훨씬 재미있다.

아침 7시 30분, 섬의 남쪽을 도는 장거리 버스표를 산 우리는 빵을 먹으며 버스 기사가 오기를 기다리고 있었다.

막 세차를 마쳐 번쩍이는 커다란 최신형 관광버스 옆에서 승객들은 마치 한 세기는 알고 지낸 양 친밀하게 이야기를 나누었다. 조금 뒤에 늙수그레한 운전기사가 왔다. 기사는 호세와 내가 외지인임을 알아보고는 우리를 맨 앞자리에 앉혔다.

출발은 언제나 아름답다. 게다가 햇살이 쏟아지는 이른 아침의 여행길이라니.

도시를 벗어난 버스는 산간 지대를 오르락내리락하면서 빠르게 달렸다. 창밖으로 흘러가는 작은 마을은 제각기 독특한 풍경과 분위기를 지니고 있었다. 줄지어 선 교회당, 들꽃이 만발한 들판 사이로 푸근한 인심이 꽃향기처럼 퍼져 있는 듯했다. 무엇보다도 놀라운 것은 '돈 미카엘'이라는 존칭으로 불리는 운전기사였다. 그는 운전만 하는 게 아니라 표도 팔고, 타고 내리는 승객들을 보살피는가 하면 우체부 역할까지 했다. 고개를 하나 넘어갈 때마다 그는 창밖으로 머리를 내밀고 지나가는 마을 사람에게 소리쳤다.

"어이! 이건 후안 아들이 보낸 편지고 이건 안토니아가 부탁해서 산 복권이에요. 신문은 촌장님 좀 갖다드려요. 이 대바구니 안에 든 음식은 과부 요안나에게 딸이 전해 달라고 부탁한 거예요."

커다란 감자 포대를 짊어지거나 양을 데리고 버스를 기다리는 사람을 보면 이 기사 영감님은 언제나 느긋하게 버스에서 내려 버스 양쪽에 있는 커다란 화물칸을 열었다. 그러고는

카나리아 제도 유람기

물건이나 동물이 잘 들어가도록 세심하게 도우며 새끼 양에게 나지막이 말했다.

"조금만 참아라, 울지 말고. 금방 내려 줄게!"

신선한 달걀이 가득 담긴 커다란 광주리를 들고 차에 오르는 농부 아낙에게는 이렇게 소리쳤다.

"달걀 잘 두세요! 지금 출발합니다. 깨지지 않게 조심하세요!"

옆에서 지켜보는 내 눈에는 이런 인정이 바로 훌륭한 구경거리였다. 공평하게도 기사는 우리에게도 신경을 써주었다. 버스가 고산 지대로 진입하려 할 때였다.

"외투 걸쳐요! 내가 좀 더 운전해서 두 분께 국립공원을 구경시켜 드리리다."

기사는 혼잣말하듯 중얼거리더니 놀랍게도 우리를 위해 노선을 바꿨다. 고산준령의 험난한 산세 속에 위풍당당한 소나무 숲이 나타나자 기사는 눈앞에 펼쳐진 아름다운 풍광을 차근차근 설명해 주었다. 버스에 탄 시골 사람들도 아무도 불평하지 않고 자신들이 사는 아름다운 땅을 황홀하게 바라보았다. 버스는 산꼭대기에 잠시 섰다가 바닷가로 내려왔다. 경관이 수려한 곳이 나타나면 기사는 반드시 버스를 세우고 우리를 이끌고 내렸다. 그러고는 마치 자기 집 정원을 보여 주듯

자랑스러워하며 구석구석 구경시켜 주었다.

"어쩌면 이렇게 아름답죠! 라팔마의 명성이 헛되지 않네요!"

나는 감탄한 나머지 말도 제대로 못 할 지경이었다.

"가장 아름다운 곳은 섬 뒤쪽이랍니다."

기사가 한쪽 눈을 찡긋하며 말했다. 지금껏 지나온 그림 같은 풍경들보다 더 아름다운 곳이 있을 수 있다고?

오후 2시 30분경 마침내 종점에 닿았다. 더 이상 길도 없었다. 우리는 조그마한 토담집 앞에 멈춰 섰다. 차고지 건물인 모양이었다.

마지막까지 남은 승객은 호세와 나 둘뿐이었다. 기사는 건물 안으로 들어가 휴식을 취했다. 여섯 시간이나 차를 탔기에 우리도 무척 피곤했다. 그런데 하늘에서 갑자기 가느다란 가랑비가 내리기 시작하더니 초봄처럼 기분 좋게 서늘해졌다.

우리는 종점에서부터 나 있는 오솔길을 따라 굽이굽이 걸어갔다. 양쪽 비탈에 양치식물이 가득 자라고 있었다. 걸어도 걸어도 큰길은 나오지 않을 성싶었다. 모퉁이를 돌아가자 산골짜기 사이에 작은 들판이 나타나며 청아하기 그지없는 풍경이 우리를 반겼다. 짙은 안개에 휩싸인 것마냥 산도 들도 온통 하얀 살구꽃으로 뒤덮여 있었다. 초록색 벨벳처럼 보드라운 풀밭 위에는 하얀 벽에 빨간 지붕을 올린 집들이 드문드문 흩어져 있었다. 가랑비 속에서 소와 양 떼가 한가로이 풀을 뜯고 늙은 아낙이 닭 모이를 뿌렸다. 간간이 개 짖는 소리가 들려오며 이 평온한 마을에 정겨움을 더해 주었다. 시간마저 멈춘 듯한 곳. 천년만년 전에도 후에도 이 들판은 이 모습 그대로일 것만 같았다.

나를 매혹했던 그림이 절로 떠올랐다. 나는 예술적 가치 때문에 그 그림을 좋아한 것이 아니었다. 그림 속에 펼쳐진 한가로운 전원생활을 동경하고 사랑하는 것이었다. 우리가 그리는 꿈속의 고향이 바로 그 그림 속 풍경이 아닐까!

호세와 나는 꿈결 같은 커다란 그림 속으로 가만히 걸어 들어갔다. 이 아늑하고 달콤한 곳을 두 시간 뒤면 떠나야 하다니, 이렇게 애석할 수가! 살구꽃잎에 봄비가 살포시 내려앉는 풍경을 나는 더욱 애틋한 눈으로 바라보았다. 중국의 강남이 아마 이런 모습이겠지.[*]

무릉도원이 바로 여기 있었구나!

무당

버스는 오후 3시에 다시 출발할 예정이었다. 호세와 나는

---

[*] 중국인들은 살구꽃 만발하고 봄비가 내리는 장강 이남의 풍경을 매우 사랑하여 '행화춘우강남杏花春雨江南'이라는 제목으로 많은 시화를 남겼다.

손수건으로 머리를 덮고 살구나무 그늘에 앉아 가지고 온 햄 샌드위치를 먹었다. 멀리서 한 중년 부인이 우리 쪽으로 유유히 걸어오면서 큰 소리로 말했다.

"정말 보기 좋은 한 쌍이구먼."

우리는 상대하고 싶지 않아 샌드위치만 먹고 있었다. 그런데 느닷없이 그 부인이 나에게 홱 달려들더니 번개처럼 손을 뻗어 내 머리카락을 거머쥐었다. 아프다고 소리쳤지만 이미 머리카락 한 움큼이 뽑혀 있었다. 기겁해서 달아나려 하는데 그 여자는 다시 맹수 앞발 같은 큼지막한 손으로 호세의 어깨를 움켜쥐었다. 호세가 어어 소리를 지르는데 그 여자의 손이 호세의 턱을 쓰는가 싶더니 수염 몇 가닥을 확 뽑았다. 우리가 그대로 얼어붙어 있는 동안 그 여자는 우리의 머리카락과 수염을 쥐고 돌아서서 총총히 가버렸다.

"미친 여잔가?"

그 여자의 뒷모습을 보며 호세에게 물었다. 호세는 멀어져 가는 여자를 빤히 바라보다 고개를 절레절레 흔들었다. 그리고 확신에 차 말했다.

"무당이야!"

나는 귀신 들린 적이 있는 사람이라 그 말을 듣자 등골이 서늘해졌다. 알지도 못하는 여자가 왜 느닷없이 우리에게 달려

들었을까? 왜 우리의 머리카락과 수염을 뽑아 갔을까? 백번 생각해도 이해할 수가 없었다. 답답하고 울적한 기분이 들면서 몸까지 불편해지기 시작했다.

카나리아 제도의 산간 지대 주민들에게 무당은 여전히 중요한 존재다. 우리도 그란카나리아 섬에서 무당이 생업인 여자를 알고 지낸다. 박수무당에게 내 요통을 치료받은 적도 있다. 하지만 이런 산중에서 난데없이 나타난 무시무시한 여자에게 머리카락을 뽑히니 너무나 오싹했고 이 산골짜기마저 으스스하게 느껴졌다. 그 요상스러운 여자에게 당하고 나니 더 이상 샌드위치도 넘어가지 않았다. 우리는 벌떡 일어나 정류장으로 돌아왔다.

"호세, 어디 불편한 데 없어?"

버스에 올라 호세에게 다시 한번 묻고는 호세의 이마를 어루만져 주었다. 또다시 여섯 시간 동안 버스를 타고 시내로 돌아오는 동안 그 무시무시한 여자 때문에 놀랐던 마음도 차츰 진정되었다.

라팔마의 아름다운 풍광보다 더욱 인상 깊었던 것은 고향에 온 듯한 푸근한 인심이었다. 어딜 가나 성심성의껏 길을 알려 주는 시골 사람들을 만났다. 커다란 파초 농장에 갔을 때는 카나리아 특산품인 기다란 칼로 파초 잎을 따는 농부를 보았다. 우리는 부러운 눈길로 바라보다 칼을 받아 들고 이리저리 살펴보았다. 그러자 농부는 호쾌하게 칼을 선물하고 칼집까지 풀어 주었다.

이 아름답고 부유한 섬의 소박한 주민들은 마치 설탕으로 만들어진 사람 같았다. 눈만 마주쳐도 꿀처럼 달콤한 미소가 얼굴 가득 번졌다.

언젠가 여생을 보낼 마지막 땅을 고를 수 있다면 나는 아마 라팔마를 떠올리게 되리라. 열이틀을 머물렀는데도 배에 오르기가 너무나 아쉬웠다. 부두에서 낚시하던 꼬마가 배를 쫓아오더니 갑판에 선 우리에게 손을 흔들며 소리 높여 외쳤다. 안녕, 또 오세요!

란사로테의 검은 사막

라팔마 여행을 마치고 테네리페로 돌아왔을 때는 카니발의 들뜬 분위기는 모두 사라진 뒤였다. 우리는 텐트를 차에 싣고 눈 덮인 테이데 산으로 가서 조용히 야영을 하며 사람이라고는 그림자도 볼 수 없는 며칠을 보냈다. 웅장한 경관을 뽐내는 테이데 국립공원은 진기한 꽃과 풀이 가득하지만 특이하게 뱀이나 전갈 따위가 없어서 야영객이 안심하고 밤을 보낼 수 있는 곳이었다.

설산에서 며칠을 보내면서 나는 찬바람을 맞아 고열에 시달렸다. 결국 인구 5천여 명의 섬 엘이에로 여행은 포기하는 수밖에 없었다. 우리는 텐트를 걷고 며칠간의 여정을 마치고 다시 배를 타고 그란카나리아 섬에 있는 집으로 돌아와 휴식을 취했다. 일주일이 지나자 열이 내렸다. 우리는 남은 돈을 계산해 보고는 다시 한번 카나리아 본토 사람들에게 자문을 구해 이번에는 위쪽으로 올라가기로 했다. 사하라 사막과 크게 다르지 않다는 푸에르테벤투라 섬은 포기하고 가장 끝에 있는 란사로테 섬을 목적지로 정했다.

란사로테도 산타크루스 데 테네리페 주에 속하지만 북아프리카 대륙과 가까운 그란카나리아 섬과는 풍광이 딴판이라고 한다. 역시나 카나리아 제도의 또 하나의 멋진 섬이라고.

카나리아 제도를 '바다와 화산의 사랑이 맺은 결정체'라고 일컫곤 한다. 란사로테 섬에 와보니 비로소 그 말의 참뜻을 알 수 있었다. 란사로테는 나지막하고 매끄러운 검은 화산과 모래와 자갈로 이루어진 낙원이었다. 완만한 기복이 있는 대지가 아득히 펼쳐진, 검은빛과 구릿빛으로 가득한 세상이었다. 간간이 보이는 짙푸른 평원조차 끝없는 창공 아래 깊이 잠든 거인처럼 고요하고 엄숙한 아름다움을 간직하고 있었다. 거인이 내뿜는 부드러운 숨결이 느껴지는 듯했다.

이 섬은 온통 짙은 빛깔이었다. 분화구 300여 개가 온 섬에 흩어져 있는데 그 평온하고 장엄한 모습이 마치 달과 같았다. 살랑바람에 일렁이는 들판과 이어지는 나지막한 산들은 초현실과 그림처럼 몽환적이었다. 사람의 손길이 닿지 않은 원시 그대로의 모습에서 문학 작품 속 악몽과도 같은 황량한 시상이 떠올랐다. 너무나도 아득하고 고적해 인간 세상이 아닌 듯했다.

신화 속 황금 사과는 필경 이처럼 신비로운 실낙원에 숨겨져 있으리라!

카나리아 제도 동쪽 끝에 있는 란사로테 섬은 14세기부터 가장 많은 고난을 겪은 섬이었다. 섬의 토착민은 각국의 항해가와 해적으로부터 숱하게 침략당하고 살육당하며 무려 4세기 동안 노예로 팔려 갔고, 설상가상으로 전염병까지 돌아 진정한 란사로테 원주민은 절멸되다시피 한 상태였다. 이어 스페인 남부 안달루시아와 중부 카스티야 사람들이 이주해 와서 지금은 인구 5만의 섬이 되었다. 이 척박한 땅에 온 초기 이민자들이 끝까지 굴하지 않으며 대자연에 도전한 결과, 오늘날 란사로테는 맛좋은 포도와 멜론, 감자 등을 수확하는 풍요로운 섬이 되었다. 게다가 란사로테 주민은 세상에서 가장 뛰어난 어부다. 슬리퍼같이 생긴 작고 낡은 고깃배를 타고 대서양에 나가 바다의 진미를 잔뜩 거둬 온다.

란사로테에 와서 우리를 향해 우는 낙타를 보니 오래간만에 친지를 만난 듯 반가웠다. 여기 낙타들은 관광객을 태우고 다닐 뿐만 아니라 산지에서 물건을 실어 나르고 밭에서 쟁기질까지 한다. 그러다 늙으면 결국 도살당하는데 글쎄 서사하라에까지 이곳의 낙타 고기가 수출된다고.

700제곱킬로미터쯤 되는 란사로테 섬의 전원생활은 고달프고 힘겹다. 포도밭에는 작은 바람막이 돌담이 수없이 둘러쳐져 있으며 돌담 안쪽 얕은 웅덩이마다 포도나무가 자란다. 평평한 옥상이 있는 새하얀 작은 집들은 아라비아 분위기가 짙게 풍기며 대자연의 풍광과 아주 잘 어우러진다. 란사로테는 결코 우아하거나 수려하다고는 할 수 없는 곳이다. 바다 건너 사막에서 뜨거운 바람이 불어오고 하늘도 땅도 적막하기만 하다.

유럽의 추운 지방에서 겨울 휴가를 보내러 온 사람들은 낙타도 탈 수 있고 화산 분화구도 볼 수 있는 이 특이한 섬에 훅 빠져들었다. 란사로테 역시 스페인의 국립공원으로 검은빛과 구릿빛 모래 위에서 낙타를 타고 산을 오르내리는 관광객을 흔히 볼 수 있다.

이 섬은 고기잡이와 잠수하기에 좋은 곳이라서 호세가 꼭 와보고 싶어 했다. 우리는 허름한 여인숙에 묵었는데 욕실도 없으면서 숙박비는 라팔마 섬보다 훨씬 비쌌다. 그래도 고깃배와 어부가 있는 바닷가 마을에서 보내는 나날은 역시나 한가로웠다.

호세가 바다 밑으로 고기를 잡으러 들어가면 나는 부두에 앉아 마을 노인들과 이런저런 얘기를 나누었다. 노인들 입에서 흘러나오는 옛이야기나 전설을 듣고 있노라면 어느새 저녁 바람이 솔솔 불어왔다. 꽃 한 송이 피지 않는 검은 산자락이 품은 희열을 대면하는 시간이었다.

사흘째 되는 날, 우리는 오토바이를 빌려 타고 분화구를 보러 갔다. 화산은 마치 지옥으로 들어가는 입구처럼 경이롭고 매혹적이었다. 나는 이 신비롭고 황량한 섬과 사랑에 빠져 버렸다.

대자연의 풍광도 나를 뒤흔들었지만 작은 마을에서 쉬어가며 사람들과 이야기를 나눌 때마다 여행의 즐거움은 더욱 커졌다. 만약 이 세상에 사람이 살고 있지 않다면 아무리 아름다운 곳일지라도 나를 사로잡을 수 없을 것이다. 사람이 있기에 세상에는 재미와 생기가 넘친다.

여인숙 주인은 란사로테까지 와서 북쪽에 있는 작은 섬 라그라시오사에 가지 않는다면 너무나 안타까운 일이라고 했다. 산꼭대기에 올라갔을 때 란사로테 코앞에 있는 작은 섬을 본 적이 있었다. 면적이 27제곱킬로미터라는데 높은 곳에서 굽어보면 한 조각 모래언덕과 낡고 허름한 집 몇 채 그리고 보잘것없는 만灣 두 개가 있을 뿐이었다.

"가서 좀 지내 봐요. 잠수를 해보면 라그라시오사의 바다가 세상에서 가장 아름답다는 걸 알게 될 테니까."

만나는 어민마다 우리에게 이런 말을 했다.

어느 새벽, 우리는 코딱지만 한 거룻배를 타고 라그라시오사 섬으로 건너갔다. 가기 전에 그곳 촌장 조지에게 전보를 치라고 누군가 일러 주었다. 전신국이 있을 정도면 꽤 큰 마을일 줄 알았는데 웬걸, 무전을 이용해 일정한 시간에 맞은편 해안에 대고 소리치는 것이었다.

촌장 조지는 순박한 어부로 촌장이라기보다는 족장이라고 부르는 편이 더 어울렸다. 이 작은 섬의 주민들은 고기잡이로만 생계를 꾸렸고 가까운 친척끼리 결혼을 하거나 혼자된 며느리가 시아버지와 재혼하는 일도 예삿일이었다. 100여 명에 지나지 않는 섬 주민은 100년 동안 이어져 내려온 대가족이라 할 수 있었다.

이 섬에서는 담수를 구하기가 몹시 힘들고 밥을 지어 먹으려 해도 식재료를 살 수가 없었다. 그래서 주민들이 1인당 500

페세타에 숙식을 해결해 주기로 하고 나무와 양철로 지은 작은 오두막을 제공해 주었다. 이렇게 작은 섬에서 지내는 것은 난생처음이었는데 음식과 숙소 모두 대단히 만족스러웠다. 우리는 끼니때마다 촌장네 부엌에 둘러앉아 말린 생선과 감자를 먹었다. 네덜란드 화가 반 고흐의 「감자 먹는 사람들」이 떠오르는 정경이었다. 그림 속 사람들처럼 우리도 소박한 행복을 느꼈다.

라그라시오사 섬은 지도에도 나오지 않는 작은 섬이지만 화산이 두 개나 있었다. 주민들은 화산 활동이 멈춘 분화구 속에 힘들여 토마토를 재배했다. 살아가기 위한 몸부림은 절박해 보였지만 사람들은 하나같이 우아하고 아름다운 노래를 즐겨 불렀다.

호세가 잠수복으로 갈아입자 남녀노소 할 것 없이 거의 모든 섬사람이 뛰쳐나와 구경했다. 주민들은 20년 전만 해도 잠수하는 사람을 전혀 보지 못했다고 했다. 언젠가 관광객 몇 명이 배를 타고 와서 산소통을 메고 물속으로 들어갔다. 반시간쯤 놀다가 물 위로 올라와 보니 배 위에서 어부들이 눈물을 흘리고 있더란다. 관광객들이 물에 빠져 죽은 줄 알고 말이다.

호세는 왜 바다 밑에서 일하는 직업을 선택했을까? 나는 이해할 수 있었다. 호세는 바다를, 아무도 없는 바닷속 세상을 열렬히 사랑했다. 호세는 땅 위에서는 외롭고 서글퍼도 물속에서는 즐겁고 행복하다고 말하곤 했다. 이번에 라그라시오사에서의 잠수는 호세의 마음속 염원에 따른 것이라 할 수 있었다.

"싼마오, 물 밑에 길이 하나 있어. 깊은 바다로 통하는 길인데 그리로 들어가면 햇빛에 비쳐 떠다니는 해초만 보여. 알록달록 빛나는 게 꼭 보석 같아. 신선이 사는 세상처럼 아름다워. 당신도 같이 보면 얼마나 좋을까. 나 한 번 더 갔다 온다?"

바닷가로 올라와 햇볕에 몸을 말린 호세는 또다시 그의 꿈속 세상으로 잠수해 들어갔다.

나는 바다 밑에 한 번도 내려간 적이 없고 내려가 보고 싶지도 않았다. 그 조용한 즐거움은 호세만의 비밀이고 기쁨이었다. 나는 바닷가에 한가로이 앉아 있는 것만으로도 충분했다.

그 며칠 동안 우리는 왕새우를 잡고 라그라시오사 섬에서 나는 양파와 토마토를 버무려 간단한 샐러드를 만들어 먹었다. 사람 사는 곳곳에 천국이 있다. 신은 우리 인간을 잊지 않았다.

우리는 손바닥만 한 작은 섬에서 사는 재미에 푹 빠져 돌아갈 생각마저 까맣게 잊었다. 현실로 돌아가자면 커다란 용기가 필요했다. 라그라시오사에서 배를 타고 란사로테로 건너

오자 마음속에는 이미 여행이 끝났다는 섭섭함이 가득했다. 다시 큰 배를 타고 혼잡하고 시끌벅적한 그란카나리아 섬으로 돌아오니 꿈에서 막 깨어난 듯 허탈하고 허무했다. 마음속이 텅 빈 것 같았다. 긴 여행의 자취는 어느새 그림자도 없이 사라져 버렸다.

그란카나리아 섬

그란카나리아 섬은 원래 조용하고 인적이 드문 섬이었는데 10년 전부터 유럽 대륙에서 햇빛을 갈구하는 여행객이 몰려들면서 날로 번성했다. 이제 이곳은 1년 내내 배가 가득 정박하는 크고 훌륭한 항구가 되었으며 중요성도 커졌다. 스페인 정부에서 이곳을 자유항으로 개방하자 가전제품, 사진기, 손목시계 등 무거운 세금이 부과된 물건을 파는 가게들이 거리거리 골목골목 잔뜩 늘어서는 통에 꼭 홍콩처럼 난잡한 도시가 되었다. 거리에는 관광객이 벌 떼처럼 모여들어 어찌나 복잡하고 어지러운지 걸어 다니기도 피곤했다.

언젠가 타이완의 저명한 어업인 추 선생에게 그란카나리아 섬에서 어떤 인상을 받았냐고 물어본 적이 있다. 업무차 1년에 몇 차례씩 이 섬을 찾았던 그는 이렇게 대답했다.

"개성이 없어요, 아주 조잡하고. 문화라고 말할 수 있는 게 하나도 없어요."

나는 그란카나리아에 대한 이런 해석이 매우 정확하다고 느꼈다. 나 또한 이 섬이 아주 마음에 들지 않았기 때문에 우리는 시내에서 멀찍이 떨어진 바닷가 마을에 집을 구했다. 하지만 이 섬의 번영에 고마워할 점도 있었다. 시내로 진입할 수 있는 도로가 사통팔달로 완벽하게 뚫려 있어 교외에 살아도 전혀 불편한 점이 없었다.

파초, 담배, 토마토, 오이 그리고 관광객이 그란카나리아 섬의 생명줄이었다. 특히 전세기로 떼 지어 몰려온 북유럽 관광객은 보통 3주 이상씩 머무르다 갔고, 노년층은 이곳에서 반년 넘게 머물며 겨울을 났다. 이 섬은 사하라 사막 바로 맞은편에 있어 비가 거의 오지 않으며 일조량이 풍부했다. 특별한 기후 변화 없이 사계절이 모두 봄과 같은 곳이었다. 1532제곱킬로미터의 면적에 50만 인구가 사는데 철새처럼 겨울을 나러 온 관광객이 주민보다 훨씬 많았다.

규모가 크고 웅장한 공항에는 날마다 세계 각지에서 비행기가 무수히 날아들었다. 섬 남쪽 바닷가에는 호텔이 빼곡하게 늘어서 있고 중국 식당도 많았다. 카나리아 제도 주민들은 아직 중국 요리를 즐길 만큼 개방적이지는 않은지라 주 고객은 북유럽 관광객이었다.

대단히 놀랍게도, 섬을 찾는 여행객이 크게 늘어도 그란카나리아 본토 주민들은 변화와 발전을 추구하지 않은 채 여전히 매우 보수적이었다. 주식은 감자와 빵에 '고플로'라는 밀가루 음식이 빠지지 않았고, 외지에서 온 음식은커녕 스페인 본토 음식도 받아들이지 않고 있었다.

이곳 여자들은 대개 결혼을 일찍 했다. 딸이 스물두 살이 되었는데 여태 남자 친구가 없다면 부모는 매우 초조해했다.

관광객에게 파는 기념품은 주로 중국 산터우汕頭 레이스와 비슷한 식탁보와 냅킨이었다. 인도와 모로코에서도 상인들이 건너와 '파사'라는 상점을 열고 역시 관광객을 상대했다. 가게 안에 있는 물건은 카나리아 제도 토산품이 아니라 동방의 자기와 장식품으로 여기서도 꽤나 잘 팔렸다.

작년에는 그란카나리아 북부에서 한 의사와 그의 조수 그리고 마을 사람 여러 명이 하늘에서 비행접시를 보았다고 해서 한바탕 떠들썩했다. 타이완 신문에까지 실렸던 소식이다.

스위스 작가 에리히 폰 데니켄의 『선사의 비밀』이라는 책을 보면, 그란카나리아 섬에는 동굴처럼 지어진 미로 280여 개가 있는데 외계인이 불을 뿜거나 광선을 발사하는 데 쓰려고 만든 것이지 천연 동굴도 지구인이 만든 동굴도 아니라고 한다. 나는 그 책을 읽고 두 번이나 그 석굴에 올라가 살펴봤지만 딱히 특별해 보이는 것은 없었다.

비행접시 전설은 이곳에서 아주 흔한 일이었다. 작년에만도 푸에르테벤투라 섬과 테네리페 섬에서 비행접시를 봤다는 사람이 1천 명이 넘었다. 하지만 스페인 본토 신문에서는 카나리아 제도의 비행접시 목격에 대한 반박 기사를 커다랗게 내보냈다.

나도 사하라 사막에서 비행접시를 두 번이나 보았다. 처음 본 건 한밤중이었는데 그건 잘못 보았을 수도 있다. 두 번째는 황혼 녘에 서사하라 남쪽의 어느 마을에서였다. 그때는 온 마을이 정전이 되고 차 시동조차 걸리지 않았다. 그 비행접시는 꼬박 40분을 꼼짝 않고 하늘에 떠 있었다. 이건 수많은 사람이 똑똑히 본 사실이었다. 물론 열기구 같은 걸 잘못 보았을 수도 있지만 그 물체가 빙글빙글 돌면서 수직으로 떠올랐다는 게 아무리 생각해도 이해가 가지 않는다. 이야기가 또 딴 데로 새고 말았군.

카나리아 제도는 사하라 사막에서 100킬로미터쯤 떨어져 있으니 비행접시가 침투하기에 매우 편리할 것 같긴 하다.

내가 사는 시골 마을에는 여전히 토마토 농사로 먹고사는 농부가 많다. 모두들 성실하고 예의 바르며 수확할 때마다 커다란 토마토 자루를 우리에게 건네는 다정한 이웃이다. 이곳

사람들은 대체로 선량하고 친절하다. 사계가 불분명한 기후 때문에 견딜 수 없을 때도 있지만 나는 아직 이 섬에서 즐겁게 지내고 있다. 어느 날 갑자기 호세와 함께 또다시 미지의 다음 정거장으로 떠나겠지만 말이다.

카나리아 제도는 그야말로 관광객의 천국이다. 이렇게 짤막하게 소개하기에는 아쉬운 곳이니 언젠가 독자 여러분께서 친히 와서 유람하시길 바란다. 각자의 눈에 비친 세계는 내가 대충 소개한 것과는 크게 다를 테니까.

어느 낯선 사람의 죽음

"왔나 봐."

묘지를 둘러싼 나지막한 담장 너머로 흙먼지가 일더니 외교부 번호판을 단 롤스로이스 한 대가 철문 앞에 천천히 멈췄다.

호세와 나는 둘 다 움직이지 않았다. 미장이는 계속해서 시멘트를 섞었다. 길쭉한 비누 상자처럼 소박한 게리의 관이 담장 옆에 가만히 놓여 있었다.

뜨거운 땡볕 아래 파리 떼가 윙윙대는 소리만 사방에서 들려왔다. 이층 높이의 벽은 모두 시멘트로 덮여 있었지만 그 속에 켜켜이 쌓인 관에서는 여전히 기분 나쁜 냄새가 풍겨 왔다. 게리의 관이 들어갈 맨 밑바닥 자리만이 시커먼 입을 쩍 벌린 채 시신으로 채워지기를 기다리고 있었다.

스웨덴 영사 뒤로 검은 옷으로 온몸을 감싼 신부가 따라왔다. 젊은 신부는 윤기가 흐르는 발그레한 얼굴에 히피처럼 금발머리를 어깨까지 늘어뜨리고 있었다.

두 사람은 큰 소리로 이야기를 나누면서 차에서 내렸다. 무슨 재미난 얘기인지 철문 밖에서 드높은 웃음소리가 들려왔다.

우리를 보자 그들은 만면에 가득했던 웃음을 갑작스레 거두어들였다. 하지만 오므린 입에는 여전히 웃음기가 남아 있었다.

"아, 벌써 와 계셨군요."

영사가 다가와서 인사를 건넸다.

"안녕하세요."

내가 대답했다.

"이분은 하비에르 신부님이십니다. 영사관에서 오시도록 청했습니다."

"안녕하세요."

서로서로 악수를 나눈 네 사람은 몹시 어색해하면서 말없이 서 있었다.

"좋습니다! 시작할까요."

신부가 헛기침을 한번 하고 게리의 관으로 다가갔다.

신부는 성경책을 펼쳐 스웨덴어로 한 구절을 낭송했다. 그러고는 또 스웨덴어로 알아들을 수 없는 말을 몇 마디 하고는 2분도 안 되어 다 끝났다는 손짓을 했다.

우리는 미장이를 불러 게리의 관을 빈자리에 넣어 달라고 했다. 관을 완전히 밀어 넣자 신부는 작은 병을 꺼냈다. 성수가 조금 들어 있었다.

"좀 뿌려 주시겠습니까?"

신부는 긴 머리카락을 퍽이나 조심스레 쓸어 넘기며 성수병을 내게 건넸다.

"이건 가족이 뿌리는 거 아니에요?"

"네, 뭐 아무래도 괜찮습니다."

영사는 어깨를 으쓱하며 어쩔 수 없다는 표정을 지었다.

나는 병을 받아 들고 게리의 관 위에 몇 방울 뿌렸다. 내 옆에 서 있던 신부가 느닷없이 성호를 그었다.

"됐습니다! 이제 봉하면 됩니다."

영사가 미장이에게 말했다.

"잠깐만요."

나는 게리의 정원에서 꺾어 온 꽃을 관 위에 던졌다. 그러자 미장이가 벽돌을 하나씩 쌓아 올려 무덤을 봉하기 시작했다.

우리 네 사람은 무슨 말을 해야 할지 모른 채 다시 침묵 속에 서 있었다.

"게리 씨의 병원비를 얼마나 내셨습니까?"

영사가 물었다.

"여기 영수증입니다. 많지는 않아요. 입원할 때 반을 미리 냈거든요."

호세가 영수증을 꺼냈다.

"네, 내일이나 모레쯤 다시 한번 와주시면 서류 절차를 마무리하고 정산해 드리겠습니다. 다행히 게리 씨 유산이 남아 있어요."

"고맙습니다."

우리는 간단하게 한마디 했다.

묘지에서 한 줄기 바람이 불어왔다. 신부는 성경책을 겨드랑이에 낀 채 양손으로 끊임없이 머리를 매만졌다. 행동거지는 공손했지만 참을성 없는 성격이 그대로 드러났다.

"이렇게 하죠! 저희는 바빠서 먼저 가보겠습니다. 무덤은……."

"괜찮아요. 우리가 마지막까지 잘 보고 갈 테니 편할 대로 하세요."

내가 재빨리 말했다.

"그러죠. 가족에게 연락을 했습니다만 아직까지 회신이 없네요. 게리 씨 옷가지나 물건들은…… 아이고!"

"우리가 정리해서 영사관으로 보낼게요. 별일 아닌걸요."
"네! 그럼 안녕히 계십시오."
"안녕히 가세요. 와주셔서 고맙습니다."

무덤을 다 봉하자 나는 죽은 이가 완전히 잠든 곳을 다시금 바라보았다. 우리는 미장이에게 품삯을 주고 성큼성큼 밖으로 나왔다.

사하라 사막을 떠나온 우리는 북아프리카 부근 대서양에 있는 스페인령 카나리아 제도에 터를 잡았다.

우리가 빌린 새 집은 100여 가구가 사는 바닷가 마을에 있었다. 이 마을 집들은 대부분 하얀 단층집으로 조용한 바다를 바라보는 산비탈에 자리 잡고 있었다.

스페인령이긴 하지만 우리가 사는 곳은 북유럽 사람들이 휴가를 보내거나 퇴직하고 여생을 보내는 안락한 땅이었다. 스페인 사람은 오히려 찾아보기 힘들었다.

이곳은 1년 내내 비가 내리지 않고 햇살이 따사로워 사계절이 봄과 같았다. 특히나 우리가 고른 바닷가 마을은 두세 시간씩 산책을 해도 사람 그림자 하나 못 볼 때가 많았다. 우리 집 아래쪽에 있는 노인 한두 명이 백사장에서 지팡이를 짚고 비틀거리며 개를 데리고 햇볕을 쬐는 것이 고작이었다. 이 지역은 조용하다 못해 적막할 지경이었다. 줄줄이 늘어선 아름다운 유럽식 집과 토마토 밭을 보면서도 나는 이곳에 과연 살아 있는 사람들이 저렇게 많이 거주하는 것인지 때때로 의심스러웠다.

"이렇게 조용한 마을에서는 말썽을 부리고 싶어도 상대가 없어서 할 수가 없겠어. 그런데 당신, 왜 맨날 옆집 담을 넘어가서 꽃을 꺾어 오는데? 제발 좀 그러지 마."

"옆집에는 아무도 안 살아."

나는 아주 당당하게 대꾸했다.

"며칠 전에 그 집에서 불빛을 봤는데."

"진짜야? 그것 참 이상하네."

나는 옆집 꽃밭 쪽으로 달려갔다.

"싼마오, 어디 가?"

호세가 소리쳐 부를 때 나는 이미 낮은 담장을 넘고 있었다.

유령의 집마냥 조용한 그 작은 마당에는 알록달록 비단을 펼쳐 놓은 듯한 화단이 있었다. 나는 하얀 소국을 꺾는 데만 정신이 팔려 문과 창문이 굳게 닫히고 커튼이 내려진 그 집에 누가 사는지 어떤지는 주의를 기울이지 않았더랬다. 분위기가 전혀 사람 사는 집 같지 않아서 늘 빈집이라고 여겨 왔던 것이다.

어느 낯선 사람의 죽음

집을 한 바퀴 돌아봤지만 창문을 꼭꼭 가린 커튼 때문에 안쪽이 하나도 보이지 않았다. 앞으로 돌아 나와 열쇠구멍으로 안을 들여다봤다. 그래도 아무것도 보이지 않았다.

"호세, 당신이 틀렸어. 이 집엔 아무도 안 살아."

나는 우리 집을 향해 소리쳤다.

그러고는 머리를 돌리는데, 바로 옆 창문에서 무표정하게 나를 바라보는 섬뜩한 늙은 얼굴이 보였다. 소스라치게 놀라 등골이 서늘해졌다. 나는 천천히 몸을 틀고 간신히 더듬더듬 한 마디 했다.

"안녕하세요."

나는 휘둥그레진 눈으로 그를 보고 있었다. 노인이 커다란 유리문을 천천히 열었다.

"빈집인 줄 알았어요. 죄송합니다."

나는 스페인어로 말했다.

"으으…… 아아……."

노인은 문틀을 꽉 잡은 채 뭐라고 말을 하려고 끙끙거렸다. 다리를 심하게 절고 있었다.

"스페인어 할 줄 아세요?"

나는 말이 통하는지 알아보려 했다.

"아니, 아니, 스페인어, 못해요."

노인은 쉰 목소리를 내며 힘겹게 손짓했다. 얼굴에 떠오른 한 줄기 미소를 보자 두려움이 사라졌다.

"스웨덴 분이세요?"

나는 독일어로 물었다.

"네, 맞아요. 나는 게리, 게리."

아무래도 독일어를 알아듣기는 하지만 말은 잘 못하는 모양이었다.

"저는 싼마오라고 해요. 제가 하는 독일어 알아들으세요?"

"네, 네, 나, 독일어, 알아들어요, 말은 못해요."

더 이상 서 있기도 힘들어 보였다. 나는 급히 노인을 부축해 집 안으로 들어가서 의자에 앉혔다.

"저는 바로 옆집에 살아요. 남편 호세하고요. 안녕히 계세요."

노인과 악수를 나누고는 다시 담을 넘어 집으로 돌아왔다.

"호세, 옆집에 무시무시한 스웨덴 노인이 살고 있어."

"몇 살인데?"

"잘 모르겠어. 몇 백 살은 되어 보이던데. 주름이 진짜 쪼글쪼글하고 냄새도 심해. 집은 완전 엉망진창이고 한쪽 다리를 절더라."

"어쩐지 통 외출도 안 하고 창문도 안 열더라니."

어느 낯선 사람의 죽음

옆집 게리를 만난 뒤로 그 모습이 머릿속을 떠나지 않았다. 며칠 뒤에 이웃집 덴마크인 부인과 수다를 떨다가 무심코 그 얘기가 나왔다.

"아! 게리 영감 말이군요. 여기 산 지 2년쯤 됐는데 아무하고도 왕래를 안 해요."

"다리가 불편해서 나다닐 수가 없겠던데요."

나는 살짝 반박을 해보았다.

"그건 그 양반 사정이죠. 휠체어를 탈 수도 있는데."

"집에 돌계단이 그렇게 많은데 어떻게 휠체어를 타겠어요?"

"싼마오, 이건 우리 일이 아니에요. 그런 딱한 사람을 보면 나도 마음이 안 좋아요. 하지만 당신이 어쩌게요? 우리가 무슨 자선단체도 아니잖아요. 게다가 그 영감님은 스웨덴 양로원에서 편히 지낼 수도 있는데 왜 피붙이 하나 없는 여기 와 있나 몰라."

"여기 날씨가 따뜻하잖아요. 나름대로 이유가 있겠죠."

나는 이렇게 항변하고 자리를 떴다.

활짝 핀 온갖 꽃들이 비단처럼 펼쳐진 정원 속, 굳게 닫힌 문과 창문을 보노라면 마음이 너무나 무거웠다. 그 유령 같은 노인이 나와서 햇볕이라도 쬐면 좋겠다 싶었지만 그는 너무도 완벽하게 숨어 있었다. 밤중에도 거의 불을 켜지 않았고 낮에도 죽은 듯이 고요했다. 병든 몸을 어떻게 지탱해 가고 있을까? 이는 채워지지 않는 궁금증이자 나를 울적하게 만드는 걱정거리였다. 이 조용한 노인은 하루하루 어떻게 시간을 보내고 있을까?

"호세, 우리 만날 이것저것 음식 해서 다 먹지도 못하잖아. 음…… 가끔씩 옆집 할아버지께 갖다드리자."
"마음대로 해. 당신 성격에 하지 말라면 밥도 안 넘어갈 거 아냐."
나는 접시를 들고 담을 넘어가서 문을 쾅쾅 두드렸다. 한참 뒤에 게리가 절뚝이며 나와서 문을 열어 주었다.
"게리, 저예요. 이것 좀 드셔 보세요."
게리는 멀거니 서 있었다. 내가 누구인지 못 알아보는 눈치였다.
"호세, 빨리 와봐. 밖으로 모시고 나가서 바람 쐬게 해드리자. 창문 열고 청소도 좀 해야겠어."
낮은 담장을 펄쩍 뛰어넘어 온 호세가 노인을 뜰에 놓인 의자에 앉혔다. 우리는 그 앞에 작은 탁자를 갖다 놓고 노인에게 포크를 쥐여 주었다. 노인은 깜짝 놀란 눈으로 우리를 보다가

접시를 물끄러미 내려다보았다. 호세가 손짓을 했다.

"드세요, 게리. 드셔 보세요."

나는 산더미처럼 쌓인 빈 깡통을 치우고 창문을 활짝 열어 집 안에 잔뜩 밴 구역질나는 냄새를 몰아냈다.

"맙소사, 여기가 사람 사는 데야?"

침대보도 안 깔린 매트리스 위에는 거무튀튀한 마른 똥 같은 것과 정체를 알 수 없는 것들이 눌어붙어 있고, 옷이나 속옷은 다 걸레 같은 짙은 회색에 건드리기만 해도 찢어질 것 같았다. 침대 밑에는 누렇게 바랜 사진 한 장이 놓여 있었다. 부부와 사내아이 다섯 명이 아주 행복한 표정으로 풀밭에 앉아 있는 모습인데 사진 속의 아버지가 게리인지는 알 수 없었다.

"호세, 이런 사람이 혼자 산다는 건 말도 안 돼. 찬장에 통조림만 잔뜩 있던데 매일 그것만 먹나 봐."

호세는 말도 안 통하는 노인을 멍하니 바라보며 한숨을 쉬었다. 게리는 뜰에 앉아서 몽유병자처럼 내가 가져온 생선과 채소를 먹고 있었다.

"호세, 이것 봐."

나는 게리의 베개 밑에서 스웨덴 돈 한 뭉치를 꺼냈다. 우리는 게리에게 가져가서 돈을 세어 봤다.

"게리, 제 말 들으세요. 저하고 이 사람 모두 이웃이에요. 연로하신 몸으로 이렇게 혼자 사시긴 힘들어요. 이 많은 돈은 은행에 맡기는 게 좋겠어요. 내일 저희가 가서 통장을 만들어 드릴 테니까 서명하세요. 이제부터 제가 음식을 만들어 갖다드릴게요. 창문도 열어 드리고요. 알아들으시겠어요? 해치려는 게 아니니 저희를 믿으세요. 아셨죠, 네?"

나는 독일어로 천천히 말했다. 게리는 응, 응 하면서 고개를 끄덕였지만 얼마나 이해한 건지는 알 수가 없었다.

"싼마오, 게리 발가락 좀 봐."

호세가 갑자기 소리쳤다. 얼른 노인의 발을 보니 오른쪽 발가락 두 개가 썩어 들어가면서 벌건 피고름이 배어 나왔다. 발은 온통 검붉은 색으로 물에 불은 코끼리 발처럼 퉁퉁 부어 있었다.

나는 쪼그리고 앉아 게리의 바짓가랑이를 걷어 올렸다. 지독한 냄새를 풍기며 무릎까지 검붉게 썩어 들어가고 있었다. 눈이 휘둥그레지고 입이 떡 벌어지며 몸서리가 절로 쳐졌다.

"문둥병인가?"

내가 호세에게 물었다.

"그럴 리가, 괴저일 거야. 가족들은 어디 있지? 가족에게 알려야지."

"가족들이 보살피려 했다면 게리가 여기서 혼자 살 리가 있어? 당장 병원에 데려가야 돼."

어디선가 파리 떼가 날아들어 피고름이 맺힌 게리의 발에 달라붙었다. 점점 썩어 들어가는 시체를 먹어치우려는 것만 같았다.

"게리, 저희에게 들려 나가셔야겠어요. 다리 때문에 병원에 가야 해요."

나는 조용히 말했다. 게리는 내 말을 알아들었는지 갑자기 고개를 떨구었다. 주름투성이 얼굴을 타고 눈물이 가만히 흘러내렸다. 노인은 스웨덴 말을 웅얼거릴 뿐 내 말에 대답하지 못했다.

이 의지가지없는 노인은 도대체 얼마나 오랫동안 바깥세상과 접촉을 끊고 살아온 걸까.

"호세, 아무래도 골치 아픈 일에 엮인 것 같아."

나는 한숨을 내쉬었다.

"우리가 이 노인을 책임질 수는 없지. 내일 스웨덴 영사관에 가서 가족들을 불러 달라고 하자."

저녁에 우리는 마을의 또 다른 스웨덴 사람을 찾아갔다. 잘 알지도 못하는 사람이었다. 문을 열어 준 부인은 의아해하면서도 예의 바르게 우리를 맞았다.

"실은 우리 옆집에 스웨덴 분이 사시는데 너무 연로한 데다

지병까지 있어요. 이 섬에 친지도 없고요. 그래서 말인데……
스웨덴 이웃분이 가서 의료보험이 있는지, 식구들이 와서 돌봐줄 수 있는지 좀 알아봐 주셨으면 해서요. 우리는 말이 잘 안 통해서 어떻게 도와야 할지 모르겠어요."

"아, 그건 우리가 할 일이 아니에요. 시내에 있는 영사관을 찾아가는 게 가장 좋을 거예요. 저는 어떻게 도와드려야 할지 모르겠네요."

부인은 희미한 미소를 지으며 이렇게 말하더니 슬그머니 문을 닫아 버렸다.

나는 다시 마을 대표를 찾아가 게리의 병세를 설명했다.

"싼마오, 저는 그저 주민들이 추천한 명예직에 있을 뿐이에요. 월급을 받는 것도 아니라고요. 이런 일은 영사관을 찾아가야죠! 영사관 전화번호 알려 드릴게요."

"고마워요."

나는 영사관 전화번호를 받아 와서 곧바로 전화를 걸었다.

"부인, 그 늙고 병든 스웨덴 이웃은 영사관 소관이 아닙니다. 그분이 돌아가시고 나면 문건을 작성할 책임이 생기는 거죠. 지금은 관여할 수가 없어요. 여기는 복지 시설이 아니라서요."

다음 날에도 담을 넘어 게리에게 갔다. 입술이 다 갈라진 채 침대에 누워 있던 노인은 돈과 여권을 꼭 쥐고 있다가 나에게 흔들어 보였다. 나는 게리에게 물을 조금 먹이고 여권을 뒤적여 봤다. 일흔세 살밖에 안 된 사람이 어쩌다 가족들에게 버림받아 이역만리의 외로운 섬에서 죽을 날만 기다리고 있단 말인가.

나는 창문을 열어 환기를 시킨 다음 게리에게 죽을 좀 먹이고 돌아왔다.

"사실 나는 이 일에 일절 관여하고 싶지 않아. 우리는 그 노인의 가족도 친지도 아니잖아. 왜 우리가 게리를 책임져야 되는데?"

호세가 괴로워하며 말했다.

"호세, 나도 마찬가지 심정이야. 하지만 아무도 상관하지 않으면 저 불쌍한 노인을 어떡해? 천천히 썩어 들며 죽어 갈 텐데. 나는 옆집에서 사람이 소리 없이 죽어 가는 걸 눈뜨고 지켜보지는 못하겠어. 그걸 보면서 아무렇지 않은 듯이 살아갈 수가 없어."

"왜 못해요? 당신들은 쓸데없는 일에 너무 참견하고 있어요."

우리 집에서 차를 마시고 담배를 피우던 영국인 부인이 내게 조소 어린 눈빛을 보냈다.

"저는 냉혈동물이 아니니까요."

나는 부인을 가만히 노려보면서 내뱉었다.

"그래요, 젊은이! 당신들은 아직 철이 없어요. 쉰 살만 넘어 봐요. 우리하고 똑같이 생각할 테니."

"그럴 리가요. 영원히 그럴 리 없어요."

나는 폭발 일보 직전이었다.

이제 이웃 사람들은 우리를 보면 모두 무관심한 듯이 돌아섰다. 얼마나 두려울까, 우리가 게리 일에 자기네를 끌어들일까 봐. 우리는 서로 예의 바르게 인사를 나눌 뿐 더는 한 마디도 없이 각자 갈 길을 갔다.

우리는 돌연 환영받지 못하는 철부지 이웃이 되고 말았다.

"게리, 병원에 모시고 갈게요. 자, 호세가 부축할 테니 일어나세요."

나는 게리에게 옷을 입히고 열쇠를 받아 들었다. 호세가 바싹 말라 쪼그라든 몸을 안고 나오다 그만 노인의 발을 침대 모서리에 부딪쳤다. 순간 고름이 뚝뚝 떨어지는데 냄새가 정말 끔찍했다.

"고마워요, 고마워요."

게리는 이 말만 끊임없이 중얼거릴 뿐이었다.

"절단해야 합니다. 오후에 수술할 테니 두 분이 서명해 주세요."

바로 한 달 전에 나를 수술했던 그 의사였다. 친절한 사람이었지만 수술비는 눈이 돌아가게 비쌌다.

"우리가 서명해도 괜찮아요?"

"환자와 무슨 관계세요?"

"이웃인데요."

"그럼 환자분께 여쭤봐야죠. 싼마오, 좀 물어봐 주세요."

"게리, 의사가 다리를 잘라야겠대요. 그래야만 살 수 있대요. 무슨 얘긴지 알아들으시겠어요? 스웨덴에 전보를 칠까요? 가족들을 불렀으면 하는데 누가 있나요?"

게리는 멍한 눈으로 나를 올려다볼 뿐이었다.

"제가 하는 독일어 알아들으세요? 이해가 되세요?"

게리는 고개를 끄덕이고는 눈을 감았다. 눈가가 촉촉해져 있었다.

"나는…… 아내가 없어요. 헤어졌어요…… 애들은 내가 필요 없대요. 날 그냥 죽게 놔둬요…… 죽게 놔둬요."

게리가 띄엄띄엄 하는 몇 마디 말을 처음으로 들었는데 하필 자신을 죽게 놔두라는 말이라니. 그런 충격적인 염원은 삶에 아무런 희망도 없는 사람 입에서나 나오는 법인데!

"가족이 없대요. 그냥 죽고 싶다고 하시네요."

"그건 말도 안 돼요. 다리를 자르지 않으면 썩어 들어가서 죽을 거예요. 벌써 이렇게 고약한 악취가 나잖아요. 다시 한번 설득해 보세요."

게리를 바라보니 한 마디도 더 권하고 싶지가 않았다. 아무것도 가진 게 없는 사람에게 내가 뭐라고 말할 수 있단 말인가?

다리를 잘라내면 모든 게 달라질 거라고? 게리는 이미 이 세상에 아무런 희망도 없는데 내가 무슨 허울 좋은 이유로 그를 붙잡을 수 있단 말인가?

나는 게리에게 그 누구도 아니다. 어떤 보상을 해줄 수도 없다. 그의 외로움과 상처는 내 탓이 아니다. 생각해 보니 나는 그에게 어떤 삶의 의지도 줄 수 없는 사람이었다. 게리를 멍하니 바라보고 있는데 호세가 게리에게 몸을 굽히며 스페인어로 말했다.

"게리, 사셔야 해요. 꼭 사셔야 해요. 오후에 다리를 수술해요, 네?"

게리는 결국 다리를 잘라냈다. 우리는 게리의 돈을 스페인 돈으로 환전해서 수술비를 지불하고 남은 돈은 영사관에 보냈다.

"빨리 일어나. 게리에게 가보자."

수술 다음 날, 호세를 재촉해 시내에 있는 병원으로 갔다.

병실 문을 열자마자 썩은 내가 물씬 풍겼다. 나는 숨을 멈추고 게리에게 다가갔다. 게리는 깨어 있었지만 아무것도 느끼지 못하는 듯했다. 시트에는 검붉은 피고름이 잔뜩 말라붙어 있고 붕대 사이로 새로운 피고름이 계속 스며 나왔다.

"간호사들은 대체 뭐 하는 거야! 가서 불러 와야겠어."

나는 곧바로 뛰쳐나갔다.

"그 노인네, 냄새가 어찌나 고약한지 성가셔 죽겠어요."

간호사는 참을 수 없다는 얼굴로 새 시트를 안고 따라오더니 어제 대수술을 받은 한 게리의 몸을 거칠게 잡아당겼다.

"조심하세요!"

호세가 엉겁결에 한 마디 했다.

"우린 복도에 나가서 앉아 있자."

나는 호세를 끌고 나와 밖에 앉아 기다렸다. 조금 있으니 의사가 오기에 나는 벌떡 일어났다.

"게리는 괜찮은 거예요? 네?"

나는 흥분을 가라앉히고 낮은 소리로 물었다.

"괜찮아요, 괜찮아요."

"왜 아직도 냄새가 저렇게 지독해요? 썩은 부분을 잘라낸 거 아니에요?"

"아, 며칠 지나면 괜찮아질 겁니다."

의사는 더 이상 말하려 하지 않고 무심하게 지나가 버렸다.

며칠 동안 나는 밥 먹는 것도 잊고 틈만 나면 게리의 집에 갔다. 게리가 가진 거라고는 오래된 옷 몇 벌과 낡은 허리띠 몇 개뿐 값나가는 것은 하나도 없었다. 집에 있는 물건은 무거운 커튼, 망가진 의자 몇 개와 찬장 가득한 통조림뿐이었지만 이에 어울리지 않게 창 너머 작은 뜰에는 어느 집 정원보다 눈부신 꽃송이들이 뒤엉켜 만발해 있었다.

마지막으로 게리를 본 것은 밤이었다. 호세와 나는 여느 때처럼 병원에 있는 게리를 보러 갔다. 나는 게리 대신 전동 휠체어까지 봐둔 참이었다.

"호세, 싼마오."

게리는 침대에 일어나 앉아서 우리 이름을 똑똑히 불렀다.

"게리, 좋아졌군요!"

나는 기뻐서 소리쳤다.

"나, 내일, 집에 가요. 나, 안 아파요. 안 아파요."

게리 입에서 처음으로 또렷한 독일어가 흘러나왔다.

"네, 내일 집으로 가요. 저희도 기다리고 있을게요."

나는 이렇게 말하고는 화장실로 달려가 눈물을 펑펑 쏟았다.

"퇴원해도 됩니다. 정신도 또렷하고 오늘은 식사도 많이 하셨습니다. 줄곧 싱글벙글이더군요."

의사도 이렇게 말했다.

다음 날 우리는 게리의 침대보를 갈고 집 안 곳곳에 향수를 듬뿍 뿌렸다. 의자도 가지런히 놓고 뜰에서 들꽃을 한 다발 꺾어다 꽃병에 꽂았다. 준비를 마친 우리는 정오가 조금 지나 게리를 데리러 갔다.

"이 노인이 대체 우리한테 누구지?"

호세는 가벼운 마음으로 차를 몰면서 피식 웃었다.

"게리가 누구였든지 간에 나한테는 마찬가지였을 거야."

갑자기 차창 밖의 살랑바람이 상쾌하고 기분 좋게 느껴졌다. 공기마저 희망으로 가득 차 있는 듯했다.

"게리를 좋아해?"

"그렇게까지 말할 수는 없는데. 생각해 보지도 않았어. 당신은?"

"어제 게리가 휘파람 부는 걸 들었어. 영화 『길』* 주제곡이더라. 별난 노인이야, 휘파람을 다 불고."

"게리에게도 자기만의 애증이 있겠지. 호세. 노인이라고 걸어 다니는 송장 취급하면 안 돼."

"하여튼 이상해. 왜 고향을 떠나 이렇게 멀리까지 와서 혼자

---

* 페데리코 펠리니 감독, 줄리에타 미시나·안소니 퀸 주연의 1957년작 이탈리아 영화.

사는 건지."

병원에 도착했다. 간호사는 보이지 않았다. 우리는 곧바로 게리의 병실로 가서 문을 열었다. 텅 빈 초록색 시트 위에 옅은 색 이불뿐, 게리는 없었다. 병실 전체가 너무 깨끗해서 꿈이 아닌가 싶을 정도였다.

우리는 꼼짝하지 않고 서서 텅 빈 게리의 침대를 멀뚱멀뚱 바라보았다. 이 상황을 어떻게 해석해야 하는 걸까.

"게리는 오늘 새벽에 임종하셨어요. 두 분께 어떻게 알려야 할지 걱정하고 있었는데."

언제 왔는지 간호사가 등 뒤에 서 있었다.

"네? 게리가…… 죽었다고요?"

순간 아연해졌다.

"네, 이리 오셔서 수납하세요. 의사 선생님은 지금 수술중이라 만나실 수 없어요."

"어제까지만 해도 휘파람까지 불었는데. 식사도 잘하고 얘기도 하고요."

나는 믿을 수가 없어서 자꾸 캐물었다.

"죽기 전에 보통 그래요. 하루쯤 좋아졌다가 죽는 일이 많아요."

우리는 간호사를 따라 수납 창구로 갔다. 경리 직원이 청구

서를 내밀었다.

"시신은요?"

"장의사에게 보냈어요. 죽으면 바로 보내요. 가서 보시면 돼요."

"아니, 됐어요. 안 보겠어요. 고마워요."

우리는 병원비를 지불하고 천천히 밖으로 나왔다.

병원 대문 밖은 햇살 가득한 세상이었다. 짙푸른 하늘은 잔잔한 바다 같았다. 차들이 도로를 소리 없이 미끄러져 갔다. 한껏 꾸미고 나온 젊은이들이 잇따라 지나갔다. 이따금 높은 웃음소리가 들려왔다.

아름답고 활기찬 이 세상, 어떤 슬픔도 우리와는 아득히 멀리 떨어져 있지!

털보와 나

결혼 전에 털보가 이상한 질문을 한 적이 있다.
"돈을 얼마나 버는 남자랑 결혼하고 싶어?"
내가 대답했다.
"꼴 보기 싫은 놈이라면 천만장자라도 필요 없고 마음에 든다면 억만장자라도 결혼해야지."
"결국은 돈 많은 놈한테 시집가겠다는 얘기 아냐."
"예외도 있을 수 있어."
나는 한숨을 쉬며 말했다.
"나랑 결혼한다면?"
털보는 매우 자연스럽게 물었다.
"배불리 먹을 만큼만 있으면 돼."

털보는 골똘히 생각하다가 또 물었다.

"당신 많이 먹어?"

나는 매우 조심스럽게 대답했다.

"아냐, 아냐. 그리고 앞으로는 더 조금 먹을 거야."

이 몇 마디 대화 끝에 나는 털보 호세의 아내가 되었다.

결혼 전에 우리는 호세 집 앞에 있는 광장에서 야구를 하고 마드리드 벼룩시장을 쏘다니곤 했다. 추운 겨울밤에 길거리 벤치를 더운 바람이 나오는 지하철 통풍구 위에 옮겨 놓고 몸을 녹이기도 하고, 눈 내리는 날에는 눈싸움을 하고 놀았다. 이렇게 봄날의 꽃과 가을날의 달빛을 하나씩 하나씩 흘려보냈다.

우리는 다른 연인들처럼 영원한 사랑을 맹세하거나 달콤한 사랑의 말을 주고받아 보지도 않은 채 결혼해 버렸지만, 돌이켜보아도 딱히 아쉽지는 않다.

며칠 전 일이었다.

"출판사에서 당신에게 찬조 출연을 부탁하는데. '나의 반쪽'이라는 글 한 편만 써달래. 이번 한 번만 쓰면 돼."

호세는 고개도 들지 않고 대꾸했다.

"무슨 반쪽?"

"당신의 반쪽이니까 당연히 나지!"

내가 일깨워 주었다.

"나는 반쪽이 아니라 완전체인데."

칼같은 대답이 돌아왔다. 나는 기가 차서 그런 말을 하는 인간을 자세히 살펴보았다. 그러면서 속으로 이렇게 중얼거릴 수밖에 없었다.

'그래, 사실 나도 반쪽이 아냐. 나도 완전한 하나라고.'

우리는 결혼한 부부지만 반쪽이 합쳐져 하나가 됐다는 데에는 동의할 수 없었다. 나는 나, 너는 너였다. 만약 정말 우리를 쪼갠다면 최소한 네 조각은 났지 두 조각이 날 리가 만무했다. 그래서 생각 끝에 나는 '털보와 나'라는 글을 써서 임무를 완수하기로 했다. 우리의 결혼 생활은 이렇게 서로 다른 두 독립 개체가 약간의 관계를 맺으며 살아가는 것이었다.

털보의 외모나 행동거지나 인간성에 대해서는 특별히 쓸 것도 없다. 이 세상에는 털보가 널려 있어 멀리서 보면 다 그놈이 그놈이고, 나라는 인간 역시 흔해 빠졌다. 그러니 내가 쓸 수 있는 것은 우리 두 사람이 집에서 어떻게 지내나 하는, 신선한 구석이라고는 조금도 없는 생활 기록뿐이다.

우리 집에서 남편은 늘 자기는 남성 우월 의식이나 자존심 따위의 못된 버릇은 없다고 말했고 아내 역시 자기는 여권 운동에 참여하지 않는다고 말했지만 실은 둘 다 헛소리였다. 지각 있는 사람이 이런 말을 듣는다면 배를 잡고 웃을 것이 틀림없다.

호세는 남존여비 사상이 뿌리박힌 가정에서 자랐다. 오랜 세월 동안 호세의 어머니와 누이들은 의식적으로든 무의식적으로든 호세를 황제처럼 떠받들며 옷을 입혀 주고 잠자리를 봐주고 밥을 먹여 주면서 기꺼이 그의 노예가 되었다. 그러는 동안 호세의 아둔한 머릿속에는 어느새 남존여비 관념이 가득 차버려 그걸 깨끗이 씻어내기란 여간 힘든 일이 아니었다. 더욱 애통하게도 나는 결혼한 뒤에야 그 진상을 알아차렸다.

나는 본래 상냥한 여자가 아니었다. 게다가 몇 년 전 후스胡適*의 글을 읽었는데 '현모양처의 가치관을 뛰어넘으라'는 내용이 거듭 나왔다. 그 글에 깊은 영향을 받은 나는 그 뒤로 '뛰어넘는' 데에 더더욱 힘을 쏟았다. 그 결과 결혼하고 나서 나는 현모가 되지 않았고 양처 역시 되려야 될 수가 없었다.

우리 두 사람은 반쪽끼리 만난 것이 아니기에 결혼하고도 서로 울퉁불퉁한 부분을 참을성 있게 갈아내며 머지않아 하나가 되기를 바랐다. 정말로 그런 날이 오면 우리 둘이 좁은 집에서 아무리 미친 듯 뛰어다녀도 서로 부딪치며 상처 내는

---

* 중국의 문학가·사상가(1891~1962). 1917년에 문학 혁명을 주도하고 백화白話 문학을 제창하여 중국 문학의 현대화에 힘썼다.

일이 없겠지.

사실 결혼 전이나 후나 우리 생활에는 그다지 큰 변화가 없었다. 호세는 늘 우리 집은 가정 같지가 않고 남녀가 같이 사는 작은 기숙사 같다고 했다. 나는 이렇게 반문했다.

"집에 돌아왔을 때 꽃처럼 아리따운 룸메이트가 기다리고 있는 게 좋겠어, 아니면 「립반윙클」의 흉악한 노파 같은 마누라가 방망이를 들고 기다리는 게 좋겠어?"

털보는 결혼 전에 여자 친구를 사귀며 어떤 부담도 느끼지 않았고 결혼 후에도 똑같이 자유로웠다. 늘 휘파람을 불며 밥도 잘 먹고, 활짝 편 어깨에 눈동자에서도 빛이 났다. 이 인간에게서 생계를 짊어진 남자의 비통하고 애처로운 눈빛이나 축 처진 걸음걸이 따위는 도저히 찾을 수 없었다.

그의 아내 또한 겉이나 속이나 예전과 달라진 게 없었다. 한결같이 청바지 세 벌을 빨아 돌려 입을 뿐 주부의 풍모는 전혀 보이지 않았다.

여행을 하다 보면 이따금 지독하게 보수적인 스페인 시골의 여관 주인을 만나게 된다. 그러면 참으로 성가신 일이 벌어지곤 한다.

"실례합니다. 묵어갈 방 있나요?"

낡은 재킷을 걸친 털보와 다 해진 모자를 쓴 아내는 여관에 들어가 얼음장처럼 차가운 얼굴을 한 주인 남자에게 공손하게 묻는다.

"2인실은 없는데요."

분명 열쇠 꾸러미가 잔뜩 쌓여 있는데도 그는 우리를 사납게 쏘아보며 거짓말을 한다. 우리가 배낭 속에 금단의 열매를 잔뜩 숨기고 방 안에서 몰래 그걸 먹어치우기라도 할까 의심하는 눈치다.

"저희는 부부인데 왜 그러세요?"

"신분증!"

주인 남자가 카운터에서 싸늘하게 비웃으며 말한다.

"여기요!"

그는 이리저리 자세히 살펴보고 나서야 비로소 못마땅한 얼굴로 열쇠를 건네준다.

열쇠를 받아 들고 천천히 계단을 오르는데 주인 여자가 마음이 놓이지 않는 듯 자기 남편을 노려보더니 우리를 쫓아오며 소리친다.

"기다려요. 결혼 증명서도 내놔 봐요."

그녀는 우리가 숨기고 있는 꼬리를 밟은 것처럼 득의양양하다.

"뭐라고요? 해도 해도 너무하시네!"

호세가 길길이 날뛴다.

"네, 네, 여기 있어요. 잘 보세요."

나는 떨떠름한 얼굴로 일찌감치 수첩에 잘 끼워 둔 결혼 증명서를 꺼내 그 고집쟁이 여편네의 코앞에 들이민다.

"이런이런, 말도 안 돼. 정말로 결혼했네요."

주인 여자는 그제야 활짝 웃으며 천천히 물러난다.

"나 원 참, 우리가 결혼을 했든 안 했든 무슨 상관이래? 당신이 저 여편네 딸이야, 뭐야? 아으, 짜증 나!"

호세는 계속 씩씩거린다.

나는 한숨을 내쉬면서 피곤한 몸을 침대에 던진다. 앞으로 이런 촌극을 얼마나 더 벌여야 할까.

"어떻게 해야 우리가 부부처럼 보일까? 다음부터는 부부답게 꾸미고 다니자."

내 말에 호세가 소리친다.

"우리는 원래 부부잖아! 꾸미긴 뭘 어떻게 꾸며!"

"아무도 안 믿는데 어떡해. 애를 하나 빌려서 안고 오자."

내가 우겨 본다.

"빌린 애를 안고 오면 더 수상하지. 부부 같지 않으면 어쩔거야, 됐어."

그 누구도 우리를 서로의 반쪽이라고 봐주질 않았다. 우리는 아무리 봐도 부부 같지 않은 두 사람이었다.

어느 날 스페인 잡지를 뒤적이는데 기사 하나가 눈에 띄었다. 이름은 생각나지 않는 미국의 어느 베스트셀러 작가 얘기로 요점은 '어떻게 하면 남편이 영원히 당신을 사랑하게 만들 것인가'였다.

그 여성 작가가 쓴 책에는 이런 내용이 있었다.

"남편에게 끊임없이 새로움을 안겨 줘야 한다. 남편이 퇴근하기 전에 날마다 변신을 해보라. 오늘은 아라비아의 노예로 분장하고 내일은 해적이 되어라. 모레는 날개 달린 천사로 분장하고 글피는 늙은 무녀가 되어 보라…… 이렇게 하면 당신의 남편은 퇴근길마다 기쁨과 흥분을 가득 안은 채 상상할 것이다. 나의 보배가 오늘은 어떤 사랑스러운 분장을 하고 있을까……."

이런 말도 했다.

"잊지 말라. 매일매일 남편의 귀에 대고 살며시 속삭여라. 사랑해…… 사랑해…… 사랑해……."

그리고 이렇게 성공적인 결혼 생활을 하고 있는 그 작가가 격자무늬 치마를 입고 남편과 뜨겁게 키스하는 사진들이 함께 실려 있었다.

이 기사를 보고 나서 나는 바로 잡지를 내다 버렸다.

그날 저녁을 먹으며 호세에게 이 여자 얘기를 해주고는 덧붙였다.

"완전히 미친 여자야. 그 여자 책을 사서 보고 그대로 따라 하는 여자들도 다 정신 나갔지. 그렇게 변화무쌍한 아내랑 같이 사는 남편은 다들 식겁해서 도망칠걸. 퇴근해서 와보면 오늘은 천사! 내일은 해적! 모레는 무당! 그런 아내를 누가 감당한대……."

밥을 먹는 호세의 시선은 텔레비전에 박혀 있었다.

"어떻게 생각해?"

호세는 꿈에서 막 깨어난 듯 얼빠진 얼굴로 되는대로 대꾸했다.

"해적! 난 그래도 해적이 좋아."

"내 얘길 아예 안 들었잖아!"

나는 젓가락을 팽개치고 호세를 노려보았다. 하지만 이 인간은 나는 보이지도 않는지 또다시 텔레비전으로 눈을 돌렸다.

긴 한숨이 흘러나왔다. 정말이지 뜨거운 국물을 낯짝에 끼얹고 싶었다. 이 따위 남편에게 하루 종일 "사랑해"라고 속삭이고 날마다 분장을 한들 헛수고다. 더 행복해질 리도 없으며 더 불행해질 것도 없겠다.

때때로 나도 호세를 붙잡아 놓고 바가지를 있는 대로 긁어 대고 싶었다. 그러나 신문에서 봤던 기사가 떠올랐다. 어느 남편이 아내에게 끊임없이 잔소리를 듣다 마침내 폭발해 바늘과 실을 들고 와서 아내의 입을 꿰매 버렸다는 내용이었다. 나는 털보가 내 입을 꿰매는 것을 바라지 않았기 때문에 한숨을 쉬며 꾹 참았다.

사실 달콤한 신혼이 지나면 대화조차 성가시고 쓸데없는 일이 되고 만다. 부부끼리 말을 듣든 안 듣든 세상의 종말이 오는 것도 아니다. 하지만 문제는 말을 듣지 않는 사람이 언제나 남편이라는 거다.

털보는 반항심이 특히나 강한 인간이었다. 아내가 동쪽으로 가라면 서쪽으로 가고 빨간 옷을 입으라면 초록색을 입었다. 진밥을 하면 된밥을 먹겠다 하고 단 것을 만들면 짭짤한 게 당긴다고 했다. 집에서 이렇게 아내에게 맞서는 것이 털보의 크나큰 재미였다.

그런 심리를 꿰뚫고 나자 나는 무슨 요구를 할 때면 반대로 말하면서 털보를 자극했고, 털보는 자기도 모르게 계략에 빠져들어 내 뜻대로 움직였다. 시간이 지나자 털보도 조금 똑똑해져 내 속셈을 알아차렸다. 그때부터는 내가 아무리 반대로 말해도 걸려들지 않고 바보처럼 고집을 부리며 득의만만하게 비웃곤 했다.

"헤헤! 헤헤! 내가 이겼지!"

"우리 생각이 들어맞는 날이 오면 복권을 사고 폭죽을 터뜨려야겠어!"

나는 털보를 노려보며 소리쳤다.

만약 지금 다시 결혼식을 하게 되어 법관이 '호세 군, 당신은 싼마오 양을 아내로 맞이하겠습니까?' 하고 묻는다면 털보는 입버릇대로 '아니오'라고 내뱉을 게 틀림없다. 결혼한 남자가 '네'라고 말하는 경우는 매우 드물다. 대부분 부정하는 대답이고 심지어는 대꾸조차 하지 않는다.

호세도 신혼 초에는 아이들 소꿉놀이하듯 기분이 들떠서 아내를 대단히 배려하고 의욕이 넘쳐 휴일에는 집안일도 잘했다. 하지만 그런 호시절은 잠시뿐, 언제부터인가 남성 우월주의 신조를 외우며 서서히 본색을 드러냈다.

밥을 먹을 때도 국이나 반찬이 모자라면 내 코앞에 그릇을 들이민다. 해가 동쪽에서 떠오르는 것처럼 자연스럽다. 바닥에 신문이 떨어져 있으면 펄쩍 뛰어넘어 가지 줍는 법이 없다. 내가 며칠 아픈 적이 있었다. 억지로 몸을 일으켜 난장판이 된 집을 치우려 했더니 호세는 그제야 자상한 척 이렇게 말했다.

"빨래하지 말라니까 왜 또 일어나. 말도 되게 안 듣네."

"빨래, 밥, 청소, 할 일이 태산이야. 일어나서 좀 치워야지."

"좀 안 치우면 어때? 당신은 지금 아프잖아."

"내가 안 하면 누가 하는데?"

이 인간에게 태엽을 감아 '청소 로봇'으로 만들고 싶은 마음이 굴뚝같았다. 그러면 얼마나 사랑스러울까.

"어? 아무도 안 하면 어때! 하지 마. 어차피 또 지저분해지잖아!"

순간 정말이지 커다란 꽃병을 던져 저 머리통을 부숴 버리고 싶었다. 그렇지만 깨진 꽃병도 내가 치워야 할 게 뻔하고 머리에 맞힐 자신도 없어서 관둬 버렸다.

진정으로 마음을 놔버리지 않는 한, 어떤 여자라 해도 집안일이 몸에 달라붙어 차마 떼어낼 수가 없으니 참으로 희한한 일이다. 이런 심리는 사실 바람직하지도 않고 집안일을 안 한다고 무슨 변고가 생기는 것도 아닌데 말이다.

우리는 결혼하면서 서로 동료가 되어 주기를 바랐을 뿐 피차 무리한 요구나 집착은 없었다. 내가 호세를 선택한 것은 안정감을 얻기 위해서도 아니었고 평생 독신으로 살까 하는 걱정 때문은 더더욱 아니었다. 그런 것은 나에게 그리 중요하지 않았다.

호세가 나를 원한 것도 밥하고 빨래해 주기를 바라서가 아니었으며 한 송이 해어화解語花˚를 원했던 건 더더욱 아니었다. 바깥의 세탁소와 음식점은 값싸고 서비스도 좋았고, 지지배배 재잘대는 여자들은 집에 있는 이 사람보다 훨씬 상냥했다. 그런 데 쓰는 돈을 다 합쳐도 한 가정을 이루고 사는 비용을 초과하지 않을 것이다.

앞서 말한 대로 우리는 그저 인생의 길을 함께 걸어갈 동반자를 찾으려 했을 뿐이었다. 기왕에 동반자가 됐으면 한시도 떨어져 있지 않고 꼭 달라붙어 있는 것이 명실상부하건만, 아쉽게도 우리는 그걸 그리 중요하게 생각하지 않았다.

많은 시간 동안 우리는 이 작은 오두막에서 자유로이 노닐었다. 각자 할 일을 하다 모퉁이에서 서로 부딪쳐도 몸만 쓱 비켜 갈 뿐 얼굴빛은 그림자 대하듯 무심했다. 우리는 각자 책을 펴 들고 날이 샐 때까지 빠져든 채 수많은 밤을 보냈다. 책을 보며 큰 소리로 깔깔대든 묵묵히 눈물을 흘리든 상대방에게 '왜 그래? 미쳤어?'라고 묻는 법도 없었다.

산책하고 싶어지면 나는 "다녀올게" 한마디만 하고 혼자 나갔다가 터벅터벅 돌아왔다. 아침에 눈을 떴는데 호세가 보이지 않아도 쓸데없는 걱정 따위는 하지 않았다. 나 혼자 밥을

˚ '말을 알아듣는 꽃'이라는 뜻으로 미인을 말한다. 중국 당나라 현종이 양귀비를 해어화라 일컬은 데서 유래한 말.

먹고 나면 호세도 터덜터덜 돌아와 굶주린 늑대처럼 맛있는 게 어디 있는지 잘 찾아 먹었다.

이따금 찾아드는 고독은 나라는 인간에게는 대단히 소중한 것이었다. 나는 누구에게도 내 마음을 다 열지 않았다. 호세는 내 마음속의 방을 들여다보기도 하고 앉아 있기도 하고 심지어 한자리 차지하기도 했지만, 나는 나만의 구석 자리를 갖고 있었다. 그것은 나의 것, 나 혼자만의 것이었다. 결혼도 그 구석 자리를 없앨 수는 없었고 나의 동반자에게 전부 열어 보일 필요도 없었다. 그가 아무 때나 뛰어들어 소란을 피우는 것은 사절이었다.

많은 부인네들이 내게 말했다.

"그렇게 남편을 내버려 두면 위험해요. 손에 꽉 움켜쥐고 있어야지."

그들은 그런 말을 하면서 험악하게 손짓을 하고 주먹까지 불끈 움켜쥐었다. 어린아이가 돼버린 그들의 남편은 그 손아귀 안에서 이리저리 몸부림치고 있겠지.

내가 대답했다.

"자유롭지 못한 건 죽느니만 못해요. 뭐 남편이 죽을까 걱정되는 건 아니에요. 문제는 남을 구속하다 보면 구속하는 사람까지 자유를 잃는다는 거죠. 나는 나 자신을 괴롭힐 생각은 전혀 없답니다. 하하!"

자유란 얼마나 소중한가. 특히나 마음의 자유는 우리가 더욱 단단히 움켜쥐어야 하는 것이다. 자유가 없다면 아무리 사랑이 넘친다 해도 소용없다.

호세는 시간이 나면 이웃 친구들과 옥상에서 이것저것 뚝딱뚝딱 고치기도 하고 차 밑으로 기어 들어갔다 기어 나왔다 하며 와자지껄 떠들었다. 집을 칠하고 담장을 고치고, 할 일이 있든 없든 자칭 위대한 미장이니 목수니 하고 큰소리쳤다. 활기찬 분위기 속에서 멋대로 불러 젖히는 노랫소리를 들으면 그는 아내를 사랑할 뿐 아니라 친구 역시 사랑한다는 생각을 하지 않을 수 없었다.

한 남자가 친구들과 함께하며 즐거워하는데 결혼했다고 그 즐거움을 빼앗아서야 되겠는가. 남편은 오로지 아내와 함께 있어야만 행복하다고 누가 그러던가?

하지만 안타깝게도 나는 이웃 여자들과 이런저런 잡담을 나누는 게 지루하고 답답했다. 더욱이 그들이 이러쿵저러쿵 남의 집 얘기를 하기 시작하면 커피가 목구멍으로 넘어가질 않았다. 뭘 마셔도 구정물 맛이 났다.

털보는 절대 낭만적인 사람이 아니었다. 나는 『말과 행동』이라는 책을 몇 번이나 펼쳐 보며 털보의 앉은 모습, 선 모습,

자는 모습 등등을 냉철히 분석해 보았다. 그렇지만 내가 바라는 모습은 조금도 없었으며 책에서 말하는 사랑의 동반자와도 완전히 달랐다.

털보에게 느닷없이 물어본 적이 있다.

"다음 생에서도 나랑 결혼할래?"

털보는 등을 돌린 채 딱 잘라 말했다.

"천만에!"

나는 놀라고 화가 치밀어 털보의 등짝을 있는 힘껏 두들겨 팼다. 등 뒤에서 갑자기 공격당한 털보도 성이 나서 몸을 돌려 내 손을 붙잡았다. 우리는 맞붙어 싸우기 시작했다.

"이 망할 놈아, 내가 뭐가 맘에 안 드는데. 엉!"

나는 "몇 번을 다시 태어나도 당신과 결혼할 거야" 같은 애정 어린 대답을 기대했었다. 그런데 생각지도 못한 무정한 한마디에 얼굴에 찬물을 뒤집어쓴 기분이었다. 도저히 참을 수가 없어 또다시 털보를 마구 걷어찼다.

"나는 근본적으로 내세 따위는 믿지 않아. 게다가 다음 생이 있다 해도 완전히 새롭게 살아야지, 똑같은 아내랑 산다면 다시 태어날 필요가 뭐가 있어!"

정말 기가 찼다. 면전에서 이렇게 거절을 당하니 당혹스럽기 그지없었다.

"사실 당신도 나랑 완전히 똑같은 맘일걸, 말만 안 했지. 안 그래?"

털보가 나를 노려보며 말했다.

순간 웃음이 터져 나와 그대로 이불을 뒤집어썼다. 과연 아내를 가장 잘 아는 사람은 남편이로다. 사실 내 속마음도 털보와 똑같았던 것이다. 단지 입 밖에 내려 하지 않았을 뿐.

결국 우리 두 사람은 다음 세상에서는 다시 결혼하지 않을 것이다. 지금 이 세상에서나 더욱 아끼며 살자. 나중 일이야 알 게 뭐람.

털보는 어떤 원칙도 없는 인간이었다. 스스로는 매우 깔끔한 사람이라면서 날마다 몸을 씻고 이를 닦고 깨끗한 옷을 입었다. 그러면서 나갈 때는 창틀에 발을 올리고 커튼을 당겨 구두를 벅벅 닦았다.

우리 마을 근처에는 버스가 다니지 않았다. 우리가 차를 닦고 있을 때면 가끔 시내에 나가려는 이웃 부인들이 뛰어와 멋쩍게 말을 걸곤 했다. 그러면 나는 쪼그리고 앉아 호세에게 가만히 물었다.

"어떡하지? 태워다 줄까? 도로까지만이라도 태워다 주자."

그럴 때면 호세는 조금도 머뭇거리지 않고 그 이웃에게 가서 대뜸 말했다.

"죄송하지만 안 되겠어요. 걸어가시다가 지나가는 차를 잡아타세요!"

"호세, 너무한 거 아냐?"

이웃이 가버리자 나는 민망한 마음에 호세를 나무랐다.

"걷는 게 건강에 좋아. 게다가 난 그런 수다쟁이 할머니는 태워다 주기 싫어."

태워다 주지 않기로 생각을 정했으면 그렇게 해야지, 누군가 아프거나 죽거나 팔이 부러지거나 다리를 다치거나 아이를 낳는다거나 해서 한밤중에 문을 두드리면 털보는 아무리 달콤한 꿈속을 헤매고 있다가도 벌떡 일어났다. 이웃을 병원까지 태워다 주고 날이 밝도록 돌아올 줄을 몰랐다. 예쁘장한 유럽식 집에 사는 우리 이웃들은 태반이 늙고 병들어 있었으며 일가친척 하나 없었다. 퇴직해서 쉬러 온 북유럽 노인들 아니면 아이를 데리고 혼자 사는 젊은 엄마들로 멀리 아프리카에 돈 벌러 떠난 남편들은 좀처럼 돌아오지 않았다.

집에 있는 술병 모양 초콜릿은 대부분 이웃들이 호세에게 준 선물이었다. 이 희한한 인간은 으르렁거릴 때면 사람을 기겁하게 했지만 마음은 사실 더없이 여렸다. 털보 자신도 스스로를 종이호랑이라고 했다.

함께 물건을 사러 가면 털보는 이것도 싫다, 저것도 싫다며 좀처럼 뭘 사지를 않았다. 처음에는 신중하고 겸손한 성격이라 그러는 줄 알았는데 알고 보니 '깨진 옥이 될망정 멀쩡한 기왓장은 싫다'는 식이었다. 무조건 비싸고 좋은 것만 원했지 값싼 물건은 절대 사지 않았다. 처음에는 이런 모습에 화가 났지만, 다시 생각해 보니 이런 버릇은 아내를 고르는 데도 마찬가지였을 것 같았다. 그러니까 나를 골랐겠지, 이 훌륭한 옥을! 물건을 고르면서도 저렇게 까다로운데 아내를 고르는 데야 오죽했을까. 나는 이토록 귀중하다고. 이렇게 생각하니 싱글벙글 웃음이 나왔다.

부부 사이에 가장 삼가야 할 일은 서로를 침범하는 것이다. 우리는 누구도 서로의 반쪽이라고 생각하지 않았기에 경계선도 분명했다. 흥분하면 선을 넘어가 한바탕 다툴 때도 있었지만, 싸움이 끝나면 의리 있는 영웅답게 뒤끝 없이 풀고 깨끗이 잊었다. 평소에도 경찰 눈에 잡힐 만큼 꼴사납게 싸우는 일은 절대 없도록 절친히 지냈다. 우리 집 경찰은 바로 시부모님이었다. 내가 가장 경계하는 두 분 앞에서는 얌전하고 성실하게 본분을 지키며 절대 내 꼬리를 드러내지 않았다.

이렇게 나의 일상을 서술하며 짧은 결혼 생활을 돌이켜보노라니, 결혼이라는 형식 속에 들어간 우리의 모습을 다른 모습과 비교하면서 분류해 보고픈 마음이 든다. 이리저리 살펴

보니 꽤 부끄럽다. 우리의 결혼 생활에는 좋은 것, 전통적인 것은 전혀 없다. 허나 나쁘고 천박한 것도 딱히 없다. 우리에게는 '개방적인 결혼'이라는 말이 알맞을 듯하다. 그거면 대만족, 다른 어떤 정의도 더는 필요 없겠다.

부부 사이란 단맛 쓴맛 신맛 매운맛, 온갖 맛이 뒤섞여 있다. 아무튼 마셔 본 사람이 그 물맛을 아는 법, 이 작은 세상 속에도 온갖 일로 가득한 인생이 있으니 내가 뭐라 일러 줄 바가 없다. 저 호수가 얼마나 깊은지 겉으로 보아서는 그렇게 간단히 알 수 없지 않은가. 아마 여러분도 여러분의 호수 속에 뭐가 숨겨져 있다고 내게 말해 줄 수 없을 것이다. 각자의 희로애락은 각자의 몫이니까!

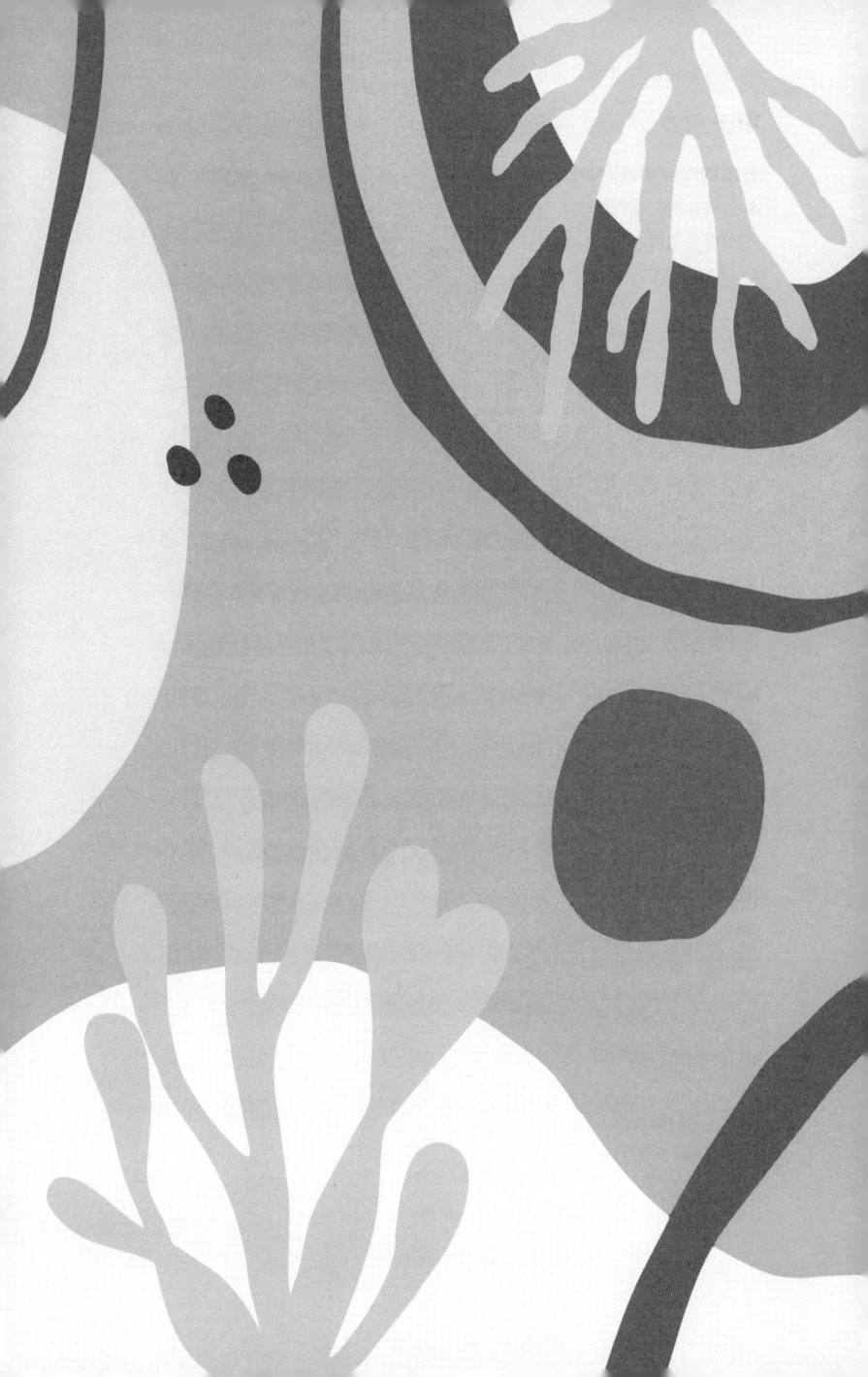

옮긴이 조은

한양대학교 중어중문학과와 한국방송통신대학교 청소년교육학과를 졸업하고
외주 편집자로 일하고 있다. 『사하라 이야기』, 『흐느끼는 낙타』, 『미래의 서점』,
『사랑받고 있어』, 『할머니의 장난감 달달달』을 우리말로 옮겼다.

허수아비 일기

초판 인쇄 2021년 5월 15일
초판 발행 2021년 5월 15일

지은이	싼마오
옮긴이	조은
펴낸이	이지나
펴낸곳	지나북스
출판등록	2014년 9월 30일 제2014-000264호
주소	04047 서울시 마포구 어울마당로 5길 52, 2층
전화	02-333-1314	팩스 0505-055-1313
이메일	limonv@naver.com
블로그	www.jinabooks.com

ISBN 979-11-86605-69-1 (03820)

ⓒ2021, 지나북스

정가 15,000원

- 이 책의 내용을 재사용하려면 반드시 저작권자와 지나북스 양측의 서면에 의한 동의를
  받아야 합니다. 잘못된 책은 구입하신 곳에서 바꾸어 드립니다.